AIGC时代
元宇宙商业变革

[英] **尼克·罗莎**——著
（Nick Rosa）

李国团——译

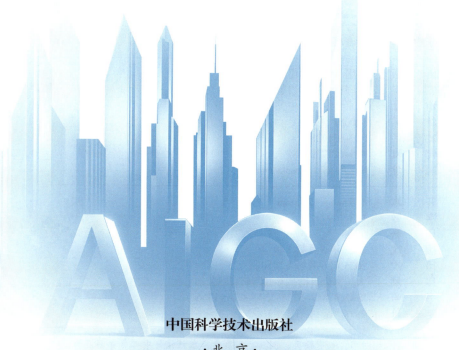

中国科学技术出版社
·北京·

Understanding the metaverse : a business and ethical guide by Nick Rosa，
ISBN：9781119911807
Copyright © 2023 Nick Rosa.
All Rights Reserved.
Authorised translation from the English language edition published by John Wiley & Sons
Limited. Responsibility for the accuracy of the translation rests solely with China Science
and Technology Press Co.,Ltd and is not the responsibility of John Wiley & Sons Limited.
No part of this book may be reproduced in any form without the written permission of the
original copyright holder, John Wiley & Sons Limited.
Simplified Chinese translation copyright © 2025 by China Science and Technology Press
Co., Ltd.
北京市版权局著作权合同登记　图字：01-2024-3463

图书在版编目（CIP）数据

AIGC 时代元宇宙商业变革 /（英）尼克·罗莎
(Nick Rosa) 著；李国团译 . -- 北京：中国科学技术
出版社，2025.6. -- ISBN 978-7-5236-1343-6

Ⅰ . F49

中国国家版本馆 CIP 数据核字第 20254YT427 号

策划编辑	何英娇　王碧玉	执行编辑	王碧玉
责任编辑	何英娇	版式设计	蚂蚁设计
封面设计	东合社	责任印制	李晓霖
责任校对	张晓莉		

出　　版	中国科学技术出版社
发　　行	中国科学技术出版社有限公司
地　　址	北京市海淀区中关村南大街 16 号
邮　　编	100081
发行电话	010-62173865
传　　真	010-62173081
网　　址	http://www.cspbooks.com.cn

开　　本	880 mm×1230 mm　1/32
字　　数	123 千字
印　　张	6.625
版　　次	2025 年 6 月第 1 版
印　　次	2025 年 6 月第 1 次印刷
印　　刷	大厂回族自治县彩虹印刷有限公司
书　　号	ISBN 978-7-5236-1343-6/F·1366
定　　价	79.00 元

（凡购买本社图书，如有缺页、倒页、脱页者，本社销售中心负责调换）

推荐序 1

道德是元宇宙的红线，商业是元宇宙的灵魂

不知不觉，元宇宙由一个科幻术语变成一个科技术语，也已经过去 4 年多了。自 2021 年 3 月 10 日，罗布乐思（Roblox）❶ 上市，其招股说明书写明它是一家元宇宙公司开始，元宇宙这个术语就开始在全球推广：无数人为之兴奋、无数人为之迷惘、无数人为之奋斗。

中美两国的学者都对元宇宙进行了深入的探索，在元宇宙领域做出了大量的理论创新与产业探索。自 2023 年开始，人们更加紧迫地感觉到，元宇宙商业模式和商业场景的探索和创新尤为重要。任何高新技术的落地和成熟，最终都离不开市场的考验，元宇宙亦是如此。2023 年，我也组织了 40 多位专家、学者，耗时 7 个多月，遍历北京、上海、杭州、武汉、大连、长沙、青岛等 10 多个城市，实地调研了 44 家工业元宇宙企业。我将大家的调研报告整理成《中国工业元宇

---

❶ 罗布乐思是一个在线游戏平台和游戏创建系统。它是一个拥有数百万人的全球社区家园，开发者和创作者在这里使用 Roblox Studio 工具，制作他们自己的沉浸式多人游戏体验。

宙案例集（2023）》，得到我国元宇宙同行的广泛关注。2024年，我和同济大学的臧志彭教授又发起了元宇宙案例的征集和整理。最终，经过 7 个月的收集和整理，我们共收集优秀产品 161 个，示范案例 125 个，集结成《全国元宇宙 1000 优秀产品目录与示范案例（2024）》。案例的征集和整理，其实主要就是希望为我国元宇宙产业的发展提供商业模式和商业场景探索的第一手资料。

很高兴看到尼克·罗莎撰写的这本《AIGC 时代元宇宙商业变革》。在本书里，尼克对美国在元宇宙商业模式和商业场景方面的探索进行了细致梳理，对元宇宙由于沉浸式体验、去中心化架构等带来的潜在道德问题进行了细致分析。许多观点值得读者认真品读。例如，在谈到非同质化通证（Non-Fungible Token，简称 NFT）时，尼克描述了 NFT 在购买汽车时的应用场景——购买汽车时，厂家会赠送一个物理世界汽车在元宇宙的数字孪生体，数字孪生体以 NFT 的形式获得，成为买家的数字资产。汽车的数字孪生体可以帮用户自动付费、预约保养、预约加油或维修配件等。这与我在《中国工业元宇宙白皮书》中对未来工业的生产形态的预测有异曲同工之妙。自从 2022 年《中国数字藏品监管白皮书》问世以来，NFT 在全球范围内的价格和交易量暴跌 90% 以上。许多 NFT 只是一种披着高新技术外衣的庞氏骗局。许多人问我"什么 NFT 值得购买"时，我都会回答："没有使用价值，就没有价值。没有使用价值的 NFT，就是骗局。"而在尼克的这本书中，将 NFT 应用于奢侈品二手流通市场的商业设计，是一个对卖家、买家、奢侈品供应商都有使用价值的应用场景，是 NFT 真正脱离庞氏骗局成为落地商业场景的典范。

尼克对元宇宙可能带来的道德风险也有许多精彩的解读。本书虽然成书于 2022 年，但是对于今天的元宇宙产业发展来说却一点也不过时。期待本书译本在中国的出版，能够给各位读者带来元宇宙产业发展和商业落地的全新的美国视角。相信大家能够从本书受益匪浅。

龚才春博士

北京信息产业协会元宇宙专家委员会主任

龚才春，2008 年毕业于中国科学院计算技术研究所，获工学博士学位。长期从事自然语言处理和大数据的研究。

担任北京信息产业协会元宇宙专家委员会主任，中国国际科技促进会元宇宙专业委员会副主任，广西壮族自治区元宇宙应用场景创新工程研究中心战略科学家，桂林电子科技大学客座教授，是全国科学技术名词审定委员会元宇宙术语研究中心发起人。

著有《元宇宙：大变革前夜》《模型思维：简化世界的人工智能模型》，主编《元宇宙：数字中国的新机遇》《中国元宇宙白皮书》《中国工业元宇宙白皮书》《中国工业元宇宙案例集》《中国数字藏品监管白皮书》《全国元宇宙1000优秀产品目录与示范案例》，《我国元宇宙产业发展的重大问题研究》主执笔。

推荐序 2
元宇宙的文明跃迁与东方智慧

当尼克·罗莎的《AIGC时代元宇宙商业变革》中文版即将付梓之际,我深感振奋——这不仅是一部关于技术趋势的指南,更是一面映照人类文明新纪元的棱镜。元宇宙的浪潮正以前所未有的速度重塑商业逻辑、伦理边界与文化形态,而本书恰如一座灯塔,为航行于虚实交织海域的探索者提供了兼具全球视野与人文关怀的航标。在这片未知的疆域中,中华文明的哲学智慧正以其独特的穿透力,为元宇宙的建构注入三大基础思想:统分合一的组织范式、虚实合一的世界观、情景合一的美学法则。这三重思想犹如鼎之三足,共同托举起人类数字文明的新形态。

一、统分合一:从"中心化霸权"到"共生型生态"

元宇宙的组织形态天然带有中华文化"执两用中"的辩证基因。书中对去中心化自治组织(DAO)与中心化平台的剖析,暗合《尚书》"允执厥中"的治理智慧。统分合一绝非简单的"去中心化",而是"形散神聚"的动态平衡——如同太极图中的阴阳双鱼,既有区块链技术赋能的分布式节点(分),又有文化共识凝聚的价值共同体(统)。故宫博物院数字文物库的实践正是典范：六百年紫禁城的文化魂魄（统）与全球用户共创的数字藏品（分），在区块链上达成"和而不同"的共生态。

这种组织哲学将彻底改写工业时代的科层制逻辑。未来的元宇宙企业，既非硅谷式的技术垄断体，亦非乌托邦式的完全自治体，而是"社群共治、算法为媒、文化铸魂"的智慧生命体。元宇宙的治理之道在于构建"数据可流动而不失控、权力可制衡而不僵化"的弹性网络。

二、虚实合一：从"数字孪生"到"元界永生"

元宇宙的终极命题是消融虚实界限，而这恰是中华文明"体用一源"思想的数字显化。书中关于数字孪生和 NFT 的论述，若置于《周易》"形而上者谓之道，形而下者谓之器"的框架下，便豁然开朗——区块链技术是"器"，承载价值流转之功能；虚实共生的体验是"道"，实现"庄周梦蝶"式的存在升维。杭州西湖的"数字断桥"即为此中妙笔——游客既可触摸千年石阶的沧桑肌理（实），亦能透过增强现实（AR）目睹白娘子凌波微步的仙姿（虚），更可在元宇宙中化身许仙重演传奇（虚实的量子叠加）。

这种虚实合一的建构思想，正在颠覆笛卡尔式的二元对立世界观。未来的元宇宙城市，将不再是现实世界的简单镜像，而是"物理空间-数字空间-意识空间"三重维度的交响。就像中国园林的"借景"手法，元宇宙的虚实交互将创造"无界之界"：各大博物馆的片石假山，既是从米芾画意中走出的数字水墨，又是现实庭院中的实在意象；既可供游人倚靠小憩，又可化为 NFT 在虚拟拍卖行流转。

三、情景合一：从"功能设计"到"意境营造"

元宇宙的美学革命，本质是中华美学"情景交融"传统的数字复兴。书中对沉浸式体验的探讨，若以王夫之"情景名为二，而实不可离"的论断观之，便能触摸到更深层的文化脉动。情景合一绝非简单的视觉逼真，而是"物境–情境–意境"的三重升华。例如，敦煌莫高窟的元宇宙重构，既要复原壁画色彩的千年积淀（物境），又要让游客体验画工执笔时的虔敬心跳（情境），最终在飞天绕梁的梵音中顿悟"色即是空"的禅机（意境）。

这种美学思想将重塑数字空间的建构逻辑。未来的元宇宙场景，既非游戏引擎中的冰冷建模，亦非好莱坞式的感官轰炸，而是"技术为骨、文化为魂、情感为灵"的意境综合体。观众不仅能 360 度观赏《千里江山图》的每一处皴擦，还能化身宋代画匠体验"十日一水，五日一石"的创作艰辛，更能在青绿山水间与穿越时空的文人墨客对弈、品茗——技术在此隐退为无形之舟，载人驶向"超以象外，得其环中"的审美至境。

四、致未来：以东方智慧锚定数字文明之舵

如今，元宇宙正带来"千年未有之大变局"。一些人鼓吹的"虚拟替代现实"，实为文明进程的异化陷阱；而中华文化的"三合一"哲学，则为人类提供了一条更具超越性的道

路——以统分合一驾驭技术权力，以虚实合一贯通存在维度，以情景合一升华数字美学。当元宇宙展厅里，水墨算法自动生成"似与不似之间"的 AI 艺术；当数字茶园的区块链账本中，每一片茶叶都携带"天心禅月"的文化基因——我们终将理解，元宇宙的真正使命不是重建巴别塔，而是在数字乾坤中构筑"各美其美，美美与共"的人类命运共同体。

尼克的著作恰似普罗米修斯之火，照亮了元宇宙商业与伦理的迷思。而东方哲学的北斗七星，将为人类指明数字文明的航向——那里没有虚拟与现实的撕裂，没有技术与人文的对立，唯有《易经》"保合大和"的终极理想，在量子比特与文化基因的共舞中徐徐展开。

是为序。

赵国栋
2025 年春于盐城

赵国栋，中关村大数据产业联盟理事长，中国计算机学会大数据专家委员会委员，北京科协（第十届）委员。

著有《大数据时代的历史机遇》《产业互联网》《数字生态论》《元宇宙》《中华文化元宇宙》等专著。被誉为"元宇宙第一人"。

推荐序 3

关于元宇宙商业创新探索的深度洞察

在数字化变革的汹涌浪潮中，社交与元宇宙领域正经历着深刻且颠覆性的转变。当我翻开《AIGC 时代元宇宙商业变革》这本书，仿佛打开了通往未来社交世界的大门，书中对社交与元宇宙融合的探讨，与我在 iCloser 项目中的理念和实践高度契合，令我深受触动，迫不及待要将其推荐给大家。

从专业视角审视，本书在诸多方面展现出卓越的价值。在理论剖析层面，它深入且精准地抓住了传统社交模式的弊端，对当下社交模式无法满足人们深度交流、情感共鸣和个性化体验需求的分析鞭辟入里，为元宇宙社交的兴起提供了坚实的现实依据。书中对社交与元宇宙融合的探讨极具前瞻性，站在了行业发展的前沿。

在技术阐述方面，本书对区块链技术在元宇宙经济体系构建中的应用讲解细致入微。全书清晰阐述了区块链如何利用智能合约保障数字资产安全、实现去中心化交易，为实际应用提供了切实可行的思路。同时，对虚拟现实（VR）、增强现实（AR）等技术与元宇宙结合的趋势分析也十分精准，让读者能够清晰把握技术发展脉络。同时也进一步详细对比不同区块链架构（如公有链、联盟链、私有链）在元宇宙场景下的优势及适用场景，技术阐述也相对完善。

从商业应用角度而言，本书堪称一部详尽且实用的宝典。它为企业和创业者详细解读了元宇宙中的商业模式构建，从经济体系搭建到商业发展路径的多维度解析，涵盖技术创新、内容生态建设以及市场拓展等关键领域。在技术创新上，激励持续投入研发以优化用户体验，这对在元宇宙市场保持竞争力至关重要。在内容生态建设方面，积极与各方合作并鼓励用户创作，是构建丰富活跃元宇宙商业生态的关键。在市场拓展领域，立足本土、放眼全球的策略，为元宇宙项目的商业扩张提供了清晰指南。美中不足的是，书中实际落地的成功案例稍显匮乏，若能增添更多真实案例，将使书中观点更具说服力。

在元宇宙商业与指南的核心要点上，本书表现出色。在经济体系构建方面，提出引入区块链技术构建去中心化数字经济体系的观点，不仅为元宇宙可持续发展提供了坚实经济基础，更为企业和创业者指明了在元宇宙中搭建可行商业模式的方向。

随着虚拟现实、增强现实等技术的不断进步，元宇宙将深度融入人们生活，成为连接现实与虚拟世界的重要桥梁，为人们带来更加丰富多元的体验。本书不仅探讨社交与元宇宙理论，更是对未来发展趋势的精准预判，可以为我们在这个充满变革的时代中探索前行提供宝贵的指引。

相信每一位阅读本书的朋友，无论是对社交领域感兴趣的普通读者，还是投身于元宇宙相关行业的从业者，都能从书中获得启发。它将引领我们深入思考社交与元宇宙的未来走向，开启这场关于社交与元宇宙创新探索的精彩之旅。

iCloser® 创始人　赖军
2025 年 1 月于成都

赖军，iCloser 的创始人，在互联网和金融领域有着丰富且卓越的履历。他早年担任 MSN 产品经理，深入洞悉产品运营的关键环节。在阿里巴巴担任高级运营总监阶段，有效推动业务稳步前行。随后，他相继在上海盖世网络与平安银行出任要职，在互联网与金融两大领域积累了大量实操经验。此外，他还拥有 CFA 高级证券分析师的专业资质。

2015 年，赖军创立成都启发分期科技有限公司，之后该公司更名为成都小启科技有限责任公司。其主导推出的信用付产品，借助人工智能（AI）、区块链以及信用量化启发法，成功实现信贷模式向支付方式的转变。该产品下载量突破百万，最终被美国一家银行全资收购。

2021 年，赖军创立 iCloser lab，成立成都静距离科技有限公司，并推出 iCloser。iCloser 作为一个基于人工智能和区块链技术的 Web3.0 社交平台，在元宇宙商业领域崭露头角。它利用 NFT 和 Web3.0 技术为现实闲置资产创造价值，支持去中心化的 DAO 组织，用户可创建星球并搭建 DAO 组织等。同时，注重数据隐私保护，提供端对端加密聊天等功能。

赖军参与编写的《元宇宙：数字中国的新机遇》《生成式人工智能：AIGC 与多模态技术应用实践指南》等书籍，与他在 iCloser 的创新实践紧密相关。这些书籍从理论层面探讨数字技术发展趋势，为 iCloser 在元宇宙商业的探索提供了理论基础，而 iCloser 的实践成果也为书籍内容提供了现实案例支撑，是推动行业从理论到实践落地的重要成果。

推荐序 4

超越传统，连接未来

　　哦不……不会又是一本关于元宇宙的书吧！当尼克·罗莎邀请我为他的书撰写序言时，我的第一反应就是这个。当然，我很荣幸他能邀请我，但说真的，我不知道该写些什么。我以为这又是一本大部头，上面写着："天哪，哎呀，哇，现在看看我们把互联网与虚拟现实、人工智能、加密货币、NFT 等融合在一起能实现什么——想想这些应用领域吧！"

　　越是思考这个问题，越是阅读尼克这本书的初稿，我就越是意识到这的确是件大事！回顾媒体的发展历程，从印刷机到电报、广播、电影、电视和互联网，每一次进步都是一次变革。它们并没有使原有的行事方式被淘汰（我们还在读书、听广播、看电视和电影），而是通过拓展新的维度，扩大了我们的体验和连接，从而增加了我们的知识面。就像收音机能把我们的耳朵带到另一个地方，电视能把我们的眼睛带到另一个地方，互联网能把我们的大脑（或缺乏思想的大脑）带到另一个地方一样，元宇宙已成为我们思想的终极运输系统。因此，凭借其全球影响力，它是团结我们解决人类文明面临的问题、拯救我们赖以生存的地球的关键。

尼克曾在多家全球咨询服务公司担任过数字化转型方面的思想领袖，这一丰富的从业经历，使他能够独到地洞察元宇宙这一新兴事物带来的潜在影响，尤其是对商业、企业、教育和政府的影响。尼克并不想把这本书写成技术操作书，而是想为商业和政府领导人提供一本元宇宙入门指南，让他们了解即将发生的事情，并为新兴事物的到来做好准备。

我一直在想科学家们部署的韦伯空间望远镜❶。这台望远镜用来收集和聚焦光线——我们肉眼看不到的一种特殊光线。望远镜的许多镜子的位置非常重要，它们保证观察者的视野不会受到背景的影响或污染，而是能够向外看，并重新审视事物。尼克的书就像韦伯空间望远镜一样。他写这本书是为了让我们集中思想，帮助我们超越互联网和其他原有媒体的传统视角。换句话说，这本书就是用来启迪我们，让我们对未来有新的理解，并为之做好规划。

如今，我们很容易被科技冲昏头脑（或者应该说是诱惑？）。我们相信它无所不能，但相信这一点并不一定会让我们感到快乐。当思考元宇宙改变思维的真正力量时，我们必须稍微停顿一下，才会意识到我们是在玩火，因为它对大脑的影响是前所未有的。诚然，这把火能照亮我们、温暖我们，并产

❶ 韦伯空间望远镜，全称为詹姆斯·韦伯空间望远镜（英文：James Webb Space Telescope，缩写：JWST），是美国国家航空航天局、欧洲航天局和加拿大国家航天局联合研发的红外线观测用空间望远镜，为哈勃空间望远镜的继任者。——编者注

生推动人类进步的动力。但是，如果一不小心，它也会毁灭我们，而且会是由内而外的毁灭。出于这些原因，尼克提醒我们要小心谨慎，不要被元宇宙冲昏头脑。因为就像火既能带来危害又能带来治愈一样，元宇宙对人类的影响是好是坏，完全取决于我们是否能负责任地使用这项技术。

尽管已经发展了很多年，但元宇宙的关键推动技术仍然是虚拟现实。然而，我们仍然不知道长期使用虚拟接口会带来什么样的纵向冲击，我们也不了解通过这种沉浸式媒介传递的错误信息，会对交流产生怎样的影响，因为在虚拟现实中体验过的东西是很难忘却的。因此，这就引出了一个问题，即在元宇宙中对公开的信息交流进行监管或审查的伦理问题。我们可以设想有一支人工智能警察部队，监视我们在未来那个元宇宙中分享的每一条评论、每一张图片和每一次交流。我们真的希望这样吗？我们在发展和拥抱这一新现实的过程中，要把这些问题和其他伦理问题都摆在首位。然而，我们以前不也经历过这类难题吗？就像我们分裂原子（或将两个原子融合为一个原子）一样。我们明白，这一进步释放出的巨大能量，既能推动人类的文明，也能摧毁它。

带着这些疑问读这本书吧。谢谢你，尼克，为我们介绍了这个新兴且生机勃勃的元宇宙世界。

汤姆·弗内斯（Tom Furness）
于西雅图

汤姆·弗内斯是一位集教授、发明家、虚拟现实先驱和企业家等多种身份于一身的人物，他的职业生涯已长达 56 年。他目前是美国华盛顿州西雅图市华盛顿大学（UW）工业与系统工程教授。弗内斯博士发表了 400 多篇论文和会议论文集，创办了 27 家公司，其中两家公司在纳斯达克上市，市值超过 120 亿美元。他是电气与电子工程师协会（IEEE）会士（Fellow）、IEEE 计算机学会（Computer Society）和光子学会（Photonics Society）会员。他是虚拟世界协会（Virtual World Society）的创始人和主席，该协会是一个非营利组织，旨在将虚拟现实拓展为家庭和其他人道主义应用的学习系统。因其在光子学、电光学、人机接口技术和教育等方面做出的贡献，他获得了 4 项终身成就奖，被誉为虚拟现实和增强现实的"鼻祖"。

你准备好进入元宇宙了吗？你正在阅读本书这一事实让我得知，你起码对元宇宙能派上什么用场感到好奇。也许你只是听别人随意地谈起过这个词，所以想弄清楚元宇宙究竟是什么（并非只有你一个人有此想法！），以及它可能会给你和你的企业带来什么好处。对于铺天盖地席卷而来的关于元宇宙的信息，你也许会感到茫然失措。我希望能拨云见日，将这一庞大的概念分解成你可以消化的、易于控制的信息块。

我可以告诉你，在元宇宙中已经出现了许多令人兴奋的使用案例。随着我们学习如何利用这项新技术来改善生活和创建企业，未来还会出现更多的使用案例。

通过本书，你和我即将共同踏上一段探索新兴技术的旅程。我们并没有一个具体的目的地，所以也就无须急匆匆地从 A 赶到 B。我们的旅程是一次探索之旅，在虚拟地图的每一个角落，都有令人兴奋的新事物等待我们去发现，也有各种威胁等待我们去应对。

指引我们开启这段旅程的，并不是我们要去什么地方——因为说实话，我们也不知道自己要去哪里——而是在我们迈步进入这个令人兴奋的新世界时，你的企业目标和你希望向客户传递的价值观。

元宇宙就像开放世界游戏中的一张灰色地图，比如，当你开始玩任天堂（Nintendo）电子游戏《塞尔达传说：荒野之息》（*The Legend of Zelda: Breath of the Wild*）时，地图已经形成，但你不知道开始探索时会发现什么。我们正在迈出进入元宇宙的第一步，还不知道会在那里发现什么角色、障碍、挑战和机遇。我们可能会挖到金子，或发现隐藏的宝藏；我们也可能会遇到怪兽、直面威胁；我们可能会遇到意想不到的障碍，必须翻越高山后，才能看到眼前的新天地；我们可能会碰到欢迎和支持我们的新社区，也可能会遇到需要杀死的巨怪。

在不久的将来，不管愿意与否，各行各业的企业都得进入元宇宙，就像现在的企业要想蓬勃发展，都得有一个网站和在线形象一样。我想通过本书，在你涉足这个勇敢的数字新世界时，为你提供你和你的企业所需的工具、知识和意识。

就把本书当成是你在数字冒险之旅中捡到的一箱战利品吧。你在书中会找到各种工具、技巧和有用的策略，帮助你更好地了解元宇宙，并开启探索这张地图的旅程。

我们将共同探讨元宇宙的概念、工作原理以及已知和未知的应用场景。我还将向大家介绍随着元宇宙的发展和壮大，企业和个人所面临的一些主要威胁和挑战，并分享潜在的解决方案，使这个包罗万象的虚拟世界，成为我们每个人都能充分享受和极尽使用的世界。

我还将解释一些关键技术要素，诸如区块链、加密货币、人工智能和深度学习等，它们支撑着元宇宙当前的形态，并将为其未来的发展和演进奠定必要的基础。我将与你一起构建这幅图景，帮助你将灰色地图的一部分，变成一个五彩缤纷和充满激动人心的机会的世界。当你读完本书时，我希望你能充满信心，开始独自探索元宇宙中更多的未知领域。

不过，在进入元宇宙之前，我们先来看看几个世纪以来，科技在人类演进中所扮演的角色。这对于理解为什么元宇宙远非一时的风尚至关重要。事实上，它将真正为人类社会带来变革。

CONTENTS　**目　录**

1

科技与人类演进

想象一下，人类第一次发明火种时该感到多么不可思议
啊：对火的特性的敬畏，发现火会灼伤人时的痛苦，对火可
能造成破坏的恐惧，对用火来烹饪、取暖和照明时的兴奋。
火和轮子的发明一样，只是技术和新发现重塑我们社会的一
个例子。纵观人类历史，科技在人类演进过程中发挥了重要
作用。

自第一次工业革命以来，已涌现出一系列"技术浪潮"，
它们对人类社会演进产生了重大影响。这些"技术浪潮"并
不是渐进式的，而是像海啸一样，突然涌入世界，并不可逆
转地改变了世界。

我们以发生在第二波浪潮中的铁路发明为例，就可以看
出这一发明是如何在社会中激起波澜的。它不仅影响了商业、
工业和旅游业，还影响了美国农村地区的城市化进程。铁路
运输使人们更加便捷地进入城市，从而影响了那些住在偏远
社区的居民的生活。

在现代社会，随着移动设备的广泛应用，我们的行为也
发生了类似的改变。我们日复一日地使用移动设备，它们已

经深深地影响了我们彼此沟通的方式、工作的方式以及我们建立人际关系的方式。如果口袋里没有智能手机，有多少人会感到茫然失措，就好像自己赤身裸体一样（我知道我就是这样！）?

这些技术创新浪潮不仅仅是发明了一项新技术这么简单。要想实现真正的变革，必须将技术、用户体验和商业模式三者进行深度融合，才能创造出新的、真正具有变革意义的产品和服务。经过一定时间后，任何新技术都会带来这种自然现象，即"涌现"。

颠覆性技术改变社会和我们的生活方式，这就是"涌现"现象。仅仅创新技术是远远不够的，如果没有另外两个组成部分，即完善的用户体验和可扩展的商业模式，新技术就不会得到大规模的应用，也就无法对整个社会产生影响。

当使用创新技术的一个或多个使用案例取得巨大成功，并超越当时的其他使用案例时，就会出现"涌现"现象。

因此，颠覆性产品和服务所产生的影响要比促成它们的技术广泛得多，它们在宏观层面上对全世界产生了长久而深刻的影响。以手机的普及为例。从 20 世纪 80 年代初开始，手机在人群中缓慢地得到了应用。但直到智能手机出现后，我们才看到移动通信这项技术得到爆发式的应用。当然，这要归功于智能手机与服务生态系统和商业模式（应用程序商店）的深度整合，出色而简单的用户体验（触摸屏），以及支持丰富媒体体验的移动通信技术（EDGE 和 3G）的到来。目前，全球智能手机的数量是地球上人口数量的两倍。当技术以这样的规模传播时，它将导致社会、经济、福利、政治以及更多领域的运作方式发生宏观变化。由此可见，我们正在进入的下一场技术革命——包括元宇宙和沉浸式技术在内，将对我们的工作方式和人际交往方式产生深远影响。一旦这种技术融入我们的生活，将会对我们的生活方式产生目前不可预见的影响。

✦ 什么是元宇宙

理解元宇宙最简单的方法，就是将其视为互联网的下一代演进。元宇宙中的一些平台将提供内容、体验和在不同虚拟世界中生活的机会，这些平台最终将实现互联互通。作为用户，我们的愿景是能够从一个平台无缝地切换到另一个平台。

元宇宙还将纳入增强现实的内容，并将其叠加到物理世界中。可穿戴技术设备的兴起，意味着这对我们来说就像使用谷歌地图在陌生城市中导航一样自然。在第 3 章中，我们将探讨元宇宙将会是什么样子、其概念的由来，以及它可能的不同演进方向。

要使这一切都梦想成真，某些技术进步是必不可少的。其中许多技术已经在路上，并且大多数技术在本书撰写时就已诞生，你将在本章和本书的其余章节中了解到这一点。让我们先来看看科技是如何改变我们的现实生活的，以及它是如何有能力再次改变我们的现实生活的。

✦ 现实在不断演进

我们现在所处的现实与 15 年前相比已不可同日而语。我们正在迈向的现实也将与我们目前所处的现实不同，而且更加纷繁复杂。

现在，如果你离开家时忘了带手机，我想你肯定会回家去取。因为如果没有手机，你的世界就不会那么有意义，也不会有那么多体验。未来，一层叠映在我们视野之上的数字内容和信息，将使我们的现实得以增强。

在未来世界中，我们将能够按照自己的意愿定制现实世界。比如我们早上醒来发现天空是灰色的，我们有能力把天空变成蓝色。我们即将进入这样一个世界，在这个世界里，我们将真正成为无所不能的人，可以看到周围的一切，这是我们以前从未体验过的。

自人类诞生以来，人们为了讲述故事，一直在创造虚构的世界。我们在电子游戏中创造了世界，我们也在电影和戏剧中创造了虚构的现实。相信在不久之后，在人类历史上，我们将第一次能够按照自己的意愿来塑造现实。在撰写本书时，我们只能通过穿戴设备和耳机来看到和听到这种另类现实。但在未来，我们也许还能使用触觉技术（通过触摸来传递和理解信息），甚至是大脑植入技术，在我们的神经系统中直接传播信息。

在所有感官中，视觉可能是最重要的，因为视神经直接通向大脑的带宽是最大的，因此视觉信息对我们解码现实世界极其重要。

因此，为元宇宙创造的许多内容本质上都是视觉性的。我们正在设计全新的 3D❶ 世界，它们的外观和功能同等重要。由于元宇宙将是这样一种视觉媒介，我们必须考虑它如何影响我们对世界的感知。对视觉内容的关注将提高用户的沉浸感，模糊元宇宙的界限，并将元宇宙的现实与我们的物质现实融为一体。技术越是演进到能将我们的其他感官带入元宇宙，用户体验到的沉浸感就会越强，将物质现实与数字现实区分开来的难度也就越大。

✦ 穿越伦理迷雾

元宇宙有可能成为一个令人叹为观止的世界。例如，我们可以帮助世界上任何地方的孩子接受大学教育。我们将能以比视频通话更有意义的方式，与世界各地心爱的人进行互动交流。但与此同时，这项技术也可能被用于邪恶的目的，

---

❶ 3 Dimensions，指三维、三个坐标，即有长、宽、高，就是立体的。——编者注

比如操纵大众。或者，有些人会利用元宇宙来逃避现实。在构建新的现实时，我们需要在社会中进行大量的哲学和伦理对话，我们需要穿越这些伦理迷雾。

我们还需要思考，这些是否会具有与现实世界相同的价值。我们将如何对待它们？我们的现行法律对虚拟现实中人类规范的影响程度如何？

我现在之所以提出这些问题和挑战，是因为当我们探索在元宇宙中运作的商业伦理时，我们不仅要意识到它所带来的不可思议的各种可能性，还要意识到潜在的风险。只有这样，我们才能以清醒的头脑，阔步迈向这项新技术带来人类现实演进的新时代。

✦ 平衡积极与消极因素

新技术问世后，总会遭到人们的强烈抵制。在社会层面上引入新技术并推广应用时，也会带来不小的挑战。以互联网和社交媒体为例，围绕安全、隐私和数据的各种担忧和问题时有发生，如过去十年间发生的多起黑客攻击和网络战攻击，或剑桥分析公司丑闻（涉及敌对国家操纵大众并试图影响主权国家的选举）。但另一方面，互联网让我们能够远程工作，无论身处世界何处都能获取信息，并让更多人有机会接受教育。

每当开发和推广应用一项新技术时，我们都有必要研究一下，这项技术可能会在哪些方面遭到人们的强烈抵制，并找出这项技术未来可能对社会造成哪些危害。通过这样做，我们可以针对这项技术的应用建立一个共同的是非观，并尽可能在这一阶段让政府参与进来（我将在本书的后面部分进行详细介绍）。

元宇宙是正在生成的下一波浪潮，它有能力改变社会进程。多萝西·诺伊费尔德（Dorothy Neufeld）的研究表明，从18 世纪到 2020 年，全球已经出现了六次创新浪潮，从利用水力（水电站大坝）来提高纺织和钢铁行业的生产能力为开端，到数字网络、软件和新媒体的第五次浪潮，以及当下我们正在进入第六次创新浪潮，包括绿色技术、物联网（IoT）和人工智能，以及机器人和无人机。我相信，第六次浪潮还将包括人们开始使用虚拟三维世界进行互动的新方式，并将使通过虚拟产品和服务开展业务成为可能——这也将渗透进我们的现实生活，以无缝体验的方式将数字与现实连接起来。

在每次创新浪潮中，随着新技术的兴起，老技术会被彻底颠覆。这将对方方面面产生影响，从不同国家的人口分布，到不同工作岗位的消失或诞生。元宇宙即将来临，我们得做好准备，迎接它带来的机遇和颠覆。

✦ 真正的价值推动技术的应用

回眸历史长河时，我们不难发现，如果没有带来真正的变革，任何技术都难以得到广泛应用。如果一项新技术不能为用户带来真正的价值，它充其量只是一时的风尚，其结局必然是销声匿迹。这种情况之所以会发生，可能是因为技术的内在价值不足，也可能只是因为它还不太成熟，无法被大众市场采用。每一项技术的使用案例都必须是坚实的，并且应该为消费者以及生产或销售该技术的企业创造可衡量的价值。

铁路就是一项变革性技术，因为它能够大规模且非常有效地对货物和人员进行远距离运输。手机让我们能够与世界上任何地方的任何人取得联系，从而增加了变革价值。智能手机上的 App 几乎让我们拥有了超能力——想想看，只需按下一个按钮就能叫到出租车是一件多么令人难以置信的事情啊！

当真正的变革性使用案例开始出现时，像沉浸式技术和虚拟世界这样的技术，将会引导真正的变革力量，并在大众市场中传播。例如，当我与你交谈时，我可能会觉察出你的情绪，因为我的增强现实眼镜会捕捉到你的微表情，它会告诉我你是高兴还是不高兴。然后，人工智能助理会建议我接下来该采取的最佳行动，以一种特定的方式把话题引开。

这听起来也许像科幻小说中的情节，但在短短数年内，这一切就会成为现实。当然，像这样的技术进步在伦理上是非常复杂的。在探索元宇宙时，我们必须面对这些棘手的事情。由于他们无处不在，我们不能简单地通过改变方向来予以规避。因这项新技术而产生的伦理问题，是任何想进入元宇宙领域的企业必须考虑的问题，这也是我将详细介绍的一个话题。

新技术想要把不可能变为可能，就需要发现与特定设备相关的独特能力，并弄明白我们该如何使用这些能力，才能达到最佳效果。对于那些使用新技术创造变革性使用案例的人来说，面临的挑战之一就是所谓的拟物化（skeuomorphism），也就是将我们在现实世界中的体验和感受在数字世界中模拟出来。

这需要某种类型的人能够超越显而易见的东西，这就是为什么每当新技术出现时，总会从中发现一些以前的技术和媒介的影子——我将在下一章重点介绍一些这方面的案例。通常情况下，新技术被发明 5 至 10 年后，人们对其用户体验、能力和真正的可能性有了更好的了解时，才会出现真正的变革性使用案例。

✦ 从愿景到现实

在这个过程的开始，我们只是浅尝辄止，只是刚刚开始了解"可能的艺术"。当我们探索不同的应用案例时，通常会有一个使用案例达到巅峰，而这正是推动一项技术进入真正变革领域的原因所在。

虚拟现实就是一个很好的例子。虽然目前虚拟现实引发了大家的热议，但它远非一个新概念。在 20 世纪 80 年代和 90 年代初，大家都认为虚拟现实将征服世界。我们曾看过电影《创战纪》（Tron），在电影中，人们可以居住在虚拟世界中（尽管他们无法离开，而且游戏会出现致命的转折！）。还有电影《全面回忆》（*Total Recall*），在电影中，虚拟现实技术可以把记忆和经历植入人们的大脑。

事实上，现有技术还远远不够成熟，无法提供像电影中描述的那样沉浸式的虚拟现实体验。要想让虚拟现实发挥作用，我们需要多种复杂的技术进步，加上可穿戴设备舒适的外形因素，才能让用户看到身临其境、栩栩如生的虚拟世界。

事实上，虚拟现实技术潜伏在我们的生活中已近 50 年之久，但直到最近 5 年左右，这项技术才日渐完善，从而实现了大众市场产品化，并启动了大众市场应用进程。即便如此，虚拟现实技术仍无法称得上成熟，因为并不是每个人都有虚拟现实头显，而且我们离将访问火星的记忆植入大脑的目标肯定还差得很远！不过，这也说明了一项技术从最初开发到广泛应用，进而改变社会，所需的时间有多漫长。

当然，实现元宇宙愿景的意义远不止仅仅让增强现实和虚拟现实进入大众市场。其终极目标是建立一个任何设备（包括电脑、电视、手机、增强现实／虚拟现实头显等）均可访问的 3D 世界的互联网络（interconnected network of 3D worlds）和各种平台。该网络应支持数字产品和货币的跨平台交换；受一系列共同认可和广泛采用的标准、法规和身份识别系统的管理；由高速、低延迟的网络基础设施和高效的计算集群提供动力，允许成千上万甚至上百万的并发用户交互。所有这一切都同时达到巅峰状态，该技术才能实现腾飞。目前，成千上万的公司、机构和协会各司其职，一起为实现这一愿景添砖加瓦。完成这项任务并非易事，因为其中许多组成部分都与基础设施的其他多个点紧密相连。

例如，未来需要在云端对元宇宙进行完全渲染或部分处理，以减轻本地设备的计算负担。完全依赖本地设备带来的挑战在于其中的处理器会产生热量，需要通过某种方式将热量散发出去。举例来说，如果你必须佩戴一副眼镜才能访问元宇宙，那么眼镜必须轻薄且为社会所接受，否则人们就无法长期佩戴；也不能要求眼镜处理过多的信息，否则电池很快就会耗尽，在最糟糕的情况下，眼镜部件会过热到令人不舒服的程度。

实现 3D 世界的互联网络意味着需要将处理能力传输到云端，而要与云端通信，就需要良好的网络连接。因此，网络是整个系统中至关重要的一部分。

访问元宇宙所需的眼镜不仅要舒适轻便，还要能在阳光下呈现高对比度和清晰度的信息。目前，我们就算在太阳底下看手机屏幕都觉得费劲。因此要想实现元宇宙的梦想，我们需要进一步开发这些技术。在撰写本书时，我们几乎已经达到了这一目标，但还没有完全实现。

在撰写本书时，我们正在协助实现"登月计划"，这与美国时任总统约翰·F. 肯尼迪（John F. Kennedy）在他的历史性演讲中宣布的目标并无二致——当时，他把目标定得很高，明确表示要在十年内让美国公民登上月球。同样，目前许多从事元宇宙业务的公司，包括元（Meta）公司 [1]，都对自己想要实现的目标有着清晰的愿景，并相信在未来十年内，从技术和设计的角度来看，创建一个完整版的元宇宙是可能的——尽管这其中会有一些妥协，而且肯定会与我们目前的愿景有一些意想不到的差异。

✦ 元宇宙与可持续性技术浪潮

可持续发展在第六次创新浪潮中也扮演着重要角色，其中包括清洁能源和电动汽车等的发展。元宇宙也可能会在可持续发展主题中发挥作用。这是因为，元宇宙技术将为工作和娱乐带来新的会面方式，从而节约出行所消耗的能源。届时，人们可能足不出户就能参加世界上任何地方举办的任何活动。

当然，我们仍然会因为想要探索和体验世界而亲自旅行——毕竟我们是人类——但进行虚拟旅行将使我们的生活方式更具可持续性，因为我们消耗的能源会更少。随着远程办公的兴起，我们已经体验到远程办公带来的好处；人们将变得越来越不受地理位置的限制。

2022 年，技术还无法让我们感觉到自己真的身处另一个地方。不过，相关技术会不断改进，未来你在元宇宙平台上

---

[1] 元公司，原名脸书（Facebook），创立于 2004 年。——编者注

看到的一切将与现实生活无异。如果你不相信的话，看看电子游戏的画面在过去二三十年里是如何演进的就知道了。这种演进是不可避免的，你通过本书将会发现，我们会创造出更加逼真的元宇宙世界。

✦ 梦想成真

随着技术及其标准的发展，现在看来不可能的事情，在未来将会成为可能。看看我们手机的功能就知道了——这在20 年前是不可想象的。我们现在连想都不敢想的设备（或者只在科幻电视剧中出现过的设备）会在未来出现，并改变我们的生活方式。沉浸式技术有能力以我们无法想象的方式改变我们的生活。

元宇宙将使用沉浸式技术，包括虚拟世界、虚拟商业和NFT，但我认为我们还需要从更全面的角度来看待元宇宙。元宇宙不仅是虚拟世界、虚拟商业和 NFT，它还将利用 3D 图像和沉浸式技术，把与人类相关的一切汇集起来。

元宇宙不仅能让我们获取更为即时详尽的信息和新闻，还能让我们以不同的方式旅行和交流。它让我们能够记录和重温自己的记忆，甚至还能与他人分享这些记忆。由于其沉浸式的特性，元宇宙也会让整个世界的人类互相之间更加感同身受。

想象一下，从电视上观看一个事件的片段与从杂志上阅读一篇关于该事件的文章相比，会有怎样不同的情感冲击。再想象一下，如果你能从一个真正经历过该事件的人的角度来观看这些片段，会产生多大的冲击力。虽然我希望这项技术能在世界上实现更多的作用，但它也始终存在被武器化和被用来操纵的危险。这些是我们在陆续阐述本书过程中将要解决的一些伦理问题。

✦ 力量越大，责任越大

我们已经看到，社交媒体平台是如何利用我们的数据来操纵我们的。你每天浏览互联网的时候，会看到多少为你量身定制的广告？你有多少次只是顺便提及某个产品、体验或话题，就在第二天看到社交媒体上弹出相关广告？大公司早就在收集我们的数据（我们免费提供了很多数据），并将这些数据卖给出价最高者。利用现有技术，大公司会尽可能地追踪我们在网上的所作所为，因此可以肯定地说，如果我们不对其进行某种形式的监管，这种情况还会继续发生。

这就是危险所在。我们未来使用的各种设备，肯定会提供大量关于我们的行为和生物识别数据❶。当把这些数据与机器学习算法结合起来时，就有可能创造出高度定制化的虚拟

---

❶ 生物识别数据：指通过对人体生理或行为特征进行测量和分析，用于身份验证和识别的数据。——译者注

销售助理。这些具有说服力的虚拟化身不仅可以向你推销产品，经稍加改进后，甚至会影响你的政治观点等。由于可以获得大量关于你的行为、言谈甚至思维方式的数据，因此能够轻而易举地创建一个关于你的行为的极其详细的档案，从而创建出极具说服力的虚拟助理。

与所有新的技术创新一样，它提供的力量越大，我们合理使用它的责任就越大。这就是为什么我们在为元宇宙带来的惊人机遇感到兴奋不已的同时，也必须意识到随之而来的风险。

这一点与元宇宙尤为相关，因为它既包括我们的现实，也包括我们对现实的感知。现实会在我们的大脑中被重新加工，它对我们的意义取决于我们的身份和我们对它的感知方式。我们也会把自己的现实投射到外部。但是，如果我们周围的现实被重新设计，进而影响我们对事物的感知并操纵我们的思维方式，又会是什么样呢？很显然，这可能是积极的，也可能是消极的。

许多研究表明，现实是非常主观的，我们的精神状态会影响我们感知世界的方式。然而，虽然我们感知到的周围世界并不会根据我们的主观意愿真正在物理上做出改变，但它是由我们的思维方式塑造的。

有了这些新的现实形式，其他人就有可能改变我们看待世界的方式，他们对我们的影响比以往任何时候都要大。反过来，我们也可以进入一个自己设计的世界。我们可以生活在自己想要的世界里。同时，这项技术还可以塑造我们的思维方式，因为我们的经历会产生记忆，而记忆反过来又会创造出一种不同的思维方式。这对于那些有心理健康问题的人来说，可能会有惊人的应用价值。

不过，这也可能是一种非常强大的操纵武器，因为这项技术有能力改变我们思维方式的话，它也有能力改变我们在现实世界中对现实的感知。这是一场重要的伦理辩论，那些想要在元宇宙中运营的企业、机构和监管组织，需要承担起引导这场辩论的责任，以使元宇宙的未来对用户和社会来说，都具有可持续性、安全性和包容性。

✦ 元宇宙即将到来

我撰写本书的目的，并非要讨论元宇宙概念的对与错。元宇宙是不可避免的。无论我们是否愿意，它都将到来，就像互联网和社交媒体进入我们的生活和社会一样。

当然，也有人说他们不想参与其中，但闭上眼睛把头埋进沙子里对谁都没有好处。我们如果做好准备，迎接这不可避免的新现实，远比装傻充愣要好得多。这样，我们就能尽最大努力为这项技术绘制蓝图，并教育每个人如何负责任地使用这项新技术。

很久以前，随着第一次工业革命的到来，我们的发展就与我们对技术的使用息息相关，在农业、通信、医学、生物等各个方面，人类总是会迈向下一个技术台阶——任何人都无法阻挡（只要这个过程不会导致人类灭绝）。

在这方面，我们如果能意识到即将发生什么并早做准备，那就更好了。元宇宙的最终愿景是将多种技术、标准和法规结合在一起，包括人工智能、5G（甚至6G）、3D引擎、虚拟现实和增强现实硬件、区块链、网络和云等。企业和消费者会用不同的方式使用这些技术。

近年来，我们多次目睹了这种情况的发生。当人们从拨号网络连接转向宽带和光纤连接时，Skype❶出现了。当3G网络出现，市场推出苹果手机时，声田（Spotify）作为一款移动应用迅速蹿红。同时也促进了音乐流媒体的全面发展。现在，随着5G网络和不久之后6G网络的到来，我们有能力让WebAR平台得到蓬勃发展，将元宇宙的内容呈现在我们眼前，并融入我们的现实生活。将这一愿景变为我们需要的现实所需的技术已经在路上，因为世界各地的公司投资数十亿美元推动着这一技术的发展。一切都在融合，下一波技术变革正在兴起，元宇宙即将到来。

---

❶ 微软开发的一款即时通信软件。——编者注

2

数字基元及其涌现——
一个数字选择的案例

　　就在我写本书的时候，我们正处于推广应用元宇宙的初始阶段，也就是我所说的数字基元时代。数字基元是一种新技术或媒介的初始使用案例，与以其他已有形式出现的使用案例密切相关。

　　20 世纪 90 年代创建的网站就是一个很好的例子。与现在的互联网相比，当时这些网站不过是些美化了的小册子，所提供的价值非常有限；如今，你通过互联网可以购物、安排度假、寻找爱情、叫车、订餐。在互联网诞生之初，所有这些活动在技术上都是可行的，但没有人意识到这一点，因为当时的技术还无法支撑这些需求，或者因为还没有人意识到所有这一切就是这项技术的宝贵使用案例。

　　正如我在第 1 章中解释的那样，任何新媒介中的使用案例，都倾向于模仿以前已有媒介或技术中使用案例的外观和感觉，这种现象也被称为拟物化。你还记得苹果手机刚发布时，它的记事本应用程序看起来和现实记事本一模一样吗？这就是一个完美的拟物化设计范例，因为他们完全根据旧媒介来设计新媒介。虽然这种做法并不一定不好，而且在很多情况下，这也是向用户推荐新媒介的一种自然方式，但它并不一定是充分利用这种新媒介的最佳方式。

我们目前正处于数字基元时代，对于元宇宙的技术应用还属于浅尝辄止，因为我们仍在努力探索元宇宙可能是什么，以及我们用它背后的技术能做些什么。目前，我们可以看到区块链、虚拟世界和 NFT 的一些颇具创新性的使用案例，但我们将来还会发现哪些使用案例？随着我们开发这些世界之间的互联性、可移植性，以及当数字内容开始渗透进现实世界，这些使用案例将如何演进？届时会出现什么样的使用案例？

在这个数字基元时代，各种使用案例将涌现出来，通过与业务产生直接相关的自然选择过程，真正具有变革性的使用案例将脱颖而出，它们也将是最成功的企业智慧。这不仅适用于技术本身，也适用于为使用该技术而不断涌现的企业。互联网和移动技术是这样，元宇宙也出现了相同的情况。但在每一次的科技浪潮中，只有少数初创企业能够成为真正成功的企业。为什么呢？因为某些使用案例比其他使用案例更精细。正如我在第 1 章中解释的那样，这就会导致所谓的"涌现"。

✦ 数字时代的自然选择

当一个或多个使用案例比大约同时出现的其他使用案例

更为成功时，就会出现"涌现"现象，这是数字世界中的一种自然选择。移动设备的新兴使用案例包括社交媒体、打车的"零工经济"以及音乐和电影的流媒体服务。

说到元宇宙，我们现在还处于数字基元阶段，还没有真正开始探索它的全部潜力。以 NFT 为例，NFT 是数字所有权证书，它是一种智能合约，证明用户拥有特定的权利、特定的物品或特定的知识产权（IP）。因此，在我看来，将一张 JPEG 格式照片或一件艺术品附加到 NFT 上，非常像我们看到的在 20 世纪 90 年代开发的基本网站。对于 JPEG 格式的艺术品来说，NFT 就是一种数字基元，它们是这项新技术的第一个应用案例。但我们将会发现，它的潜力远不止于此。

一般来说，我们需要 5 到 10 年时间才能理解新技术的潜力、正确的用户体验和正确的商业模式。这就是我在本书开篇章节提到的"涌现"点——需要将技术、用户体验和商业模式融合在一起，从而创建出一个变革性使用案例。这才是真正的成功之道。

再回到 NFT，现如今创建一个 NFT 钱包仍然很麻烦，而且技术还很不成熟，并且在获取所需的技术方面还存在分歧。商业模式可以说是相当模糊和空泛的。还存在很多问题——购买附在 NFT 上的图片到底有什么价值呢？

例如，2021 年，无聊猿游艇俱乐部（Bored Apes Yacht Club）发布了 NFT。如果你买了一个，就可以参加某些活动，成为专属俱乐部的一员，有权把自己的猩猩作为推特[1]头像。但这样做的真正目的是什么呢？它让你可以炫耀自己买了无聊猿，这实际上让无聊猿变成了身份的象征，这与购买和佩戴劳力士没有什么区别。在陆续阐述本书过程中，我们将探索一些可能具有突破性意义的 NFT 使用案例。

在我们尝试新技术和新媒体的过程中，"涌现"是一个自然而然发生的过程。例如，在 21 世纪初，真人秀节目大行其道，从《老大哥》（*Big Brother*）到《爱情岛》（*Love Island*）和《X 音素》（*The X-Factor*）。到了 21 世纪 20 年代，我们看到这些节目逐渐消失，取而代之的是新一波节目的出现，比如流媒体服务上出现的大量纪录片，涵盖了从真实犯罪到自然世界的方方面面——西蒙·考威尔（Simon Cowell）靠边站，现在的话题是关于乔·野生（Joe Exotic）的！

这是一种自然选择，其部分依据是趋势、使用特定媒介的人群、人们的价值观如何与特定媒介保持一致，以及社会对该媒介的看法。

当我们谈论一种特定媒介时，目标人群也非常重要。例如，线性电视的目标人群是 55 岁至 60 多岁的人。大多数年轻成年人通过奈飞（Netflix）、迪士尼＋（Disney+）、亚马逊 Prime 会员（Amazon Prime）或油管（YouTube）等流媒体服

---

[1] 2023 年 7 月 24 日，社交媒体平台推特（Twitter）正式改名为 X。——编者注

务观看节目。青少年则更注重通过色拉布（Snapchat）、抖音海外版（TikTok）和照片墙（Instagram）等社交媒体观看内容。

　　元宇宙将成为一种新的基础设施，进而导致新的使用案例的出现，这些使用案例是从这种基础设施以及在其中运行的平台中产生的。可以说，它的演进方式与自然的生物基因突变和适应极为相似。就像我们人类在基因库更大、更多样化的人群中，会出现更多的多样性。同样，凭着技术优势，当我们与更加广泛的技术创新资源进行合作时，我们也会看到更多不同的使用案例不断演进。一些新出现的使用案例迟早会脱颖而出，超越其他使用案例。

　　最终，我们会看到那些成功的想法相互交织在一起。在移动技术的某些领域，我们已经目睹了这一点，例如优步（Uber）和现在正在发展的优食（Uber Eats）。在数字基元阶段，我们根据已经存在的媒介来定义使用案例，而一旦进入涌现阶段，我们就会开始把新的使用案例与那些已经成功的使用案例联系起来。当你能将一个想法与另一个已经出现的想法联系起来时，你的想法的成功机会就更大了。

✦ 从熟悉到不可能

　　我们在技术领域之所以经常从拟物化设计入手，主要有两个原因。第一个原因是，这样可以创造出用户熟悉的东西，使其在技术的早期迭代中更容易得到使用和理解。让我们再来看看手机上的记事本应用程序。最初的记事本应用程序看起来就像记事本，我作为用户，明白我能用它做什么（做笔记）。当我做文字记录时，它们甚至会以类似手写的字体出现。从可用性角度来看，这让新用户感到熟悉，从而减少了排斥感。然而，这种类型的记事本应用程序带来了最好的用户体验吗？这不太可能。

另一个很棒的例子是移动网站设计的演进。最初的移动网站与桌面网站非常相似。后来，开发人员意识到，需要针对触摸设备对移动网站的用户体验进行优化——这时，在网站的左上角或右上角开始出现了折叠式导航菜单，方便用户使用手指和拇指进行导航。像后退按钮等其他小功能，也是后来逐步增加的。

如果一味拘泥于模仿现实世界的拟物化设计，就无法把技术的优势充分发挥出来。就拿移动设备来说吧，我们发现记事本应用程序在不断演进，以更好地利用其背后的技术。现在，当我们打开记事本应用程序时，看到页面上没有横线了，而是一片空白。开发人员针对触摸设备对界面进行了优化，我们在做笔记时可以轻松地变换字体和颜色等。

在这两个例子中，拟物化设计并没有立即转变为原生设计；就像新技术使用案例的出现一样，为了提供更好的用户体验，原生设计也会随着用户体验的发展而逐渐出现和演进。在移动应用程序设计世界里，有些设计肯定比其他设计更具变革性。例如，红板报（Flipboard）在平板电脑和移动阅读器领域掀起了一场革命。这款应用程序将新闻内容下载到专为手机进行优化设计的页面中，让你用拇指就能从一篇文章"快速翻"到下一篇文章。红板报于2010年首次问世，与其他RSS（Really Simple Syndication,简易信息聚合）聚合器相比，它确实是革命性的。

拟物化设计的第二个原因是，发明新技术通常是为了提供一个初始使用案例或解决一个特定问题。任何新技术的初始使用案例（1个或多个）通常都与以前的技术或以前的使用案例有关。例如，区块链技术非常适合供应链管理，因为它可以让你了解供应链中任何一点的特定资产的来源。用它作为所有权证明和交易证明是再好不过了，这也是它与金融和加密货币密切相关的原因。

不过，区块链还有其他有趣的使用案例，我们将在第5章中详细介绍这方面的内容。现在，作为一个例子，让我们考虑一下，个人如何利用这项技术来管理其数据的所有权，在这种情况下，他们能够决定谁应该访问什么数据，谁应该拥有他们的数据，以及他们是否需要随时撤销对其数据的访问。

尽管在设计新技术时可能会考虑到特定的使用案例，但一旦它在世界上出现，就有可能不断演进。新的使用案例层出不穷，这会导致变革性使用案例浮出水面，从而对我们的生活方式产生更为广泛的影响。

对于新技术来说，一个非常重要的因素是大家对其的熟悉程度，因为这可以让人们在熟悉新媒介和新环境后感到很舒适。扪心自问，为什么我们要在虚拟 3D 世界中种植树木？我们为什么没有完全虚构的、万有引力定律失灵的世界？原因就在于，我们必须踏上一段从熟悉的事物开始的旅程，然后才能到达不可能的目的地。我们必须从与现实世界相似的事物开始，然后才能探索现实生活中不可能实现的、离现实世界更遥远的各种可能性。

✦ 我们正进入一个探索时代

探索 3D 世界和沉浸式体验潜力的时代已经来临。尽管现在许多虚拟现实游戏都是第一人称射击游戏，但也有一些游戏正在打破常规。在撰写本书时，我最喜欢的一款游戏是 *Echo VR*，你可以在 Meta Quest 虚拟现实头显上玩这款游戏。如果你看过电影《安德的游戏》（*Ender's Game*），你可能会记得他们在太空中玩手球的场景。*Echo VR* 与之类似，只不过是把手球换成了飞盘。它本质上是在一个巨大的竞技场中上演的多人游戏，你漂浮在这个沉浸式的世界中，与队友并肩作战。

我相信，这仅仅是探索这类体验的开始，这些体验与我们的物质现实截然不同。创造现实生活中不可能拥有的不同体验是有价值的，随着我们开始了解这些体验的真正价值，我们将走向一个更类似于《头号玩家》（*Ready Player One*）

电影中描绘的虚拟世界。为了能达到这一阶段，我们必须首先将人们引入他们熟悉的虚拟世界，并帮助他们以舒适和安全的方式逐渐适应这些虚拟世界。

当技术发展到可以提供超现实的沉浸式体验时，我们也不能简单地把从未戴过虚拟现实头显的人扔到太空中，指望他们玩太空飞盘。我们要手把手地引导新一代用户进入虚拟世界，先从看起来和感觉上都比较熟悉的虚拟世界开始，然后再制作较为陌生的虚拟世界，最后再从这些虚拟世界向外扩展。

这是需要经历的一个完全正常的过程，因为人们需要学习如何使用这项新技术。一旦我们中间有了元宇宙土著，我们的艺术家、创作者、软件公司和平台就可以自由地敞开他们的创造力——这样一来，就会出现不同的使用案例。

✦ 对我们有什么好处

解释清楚采用新技术能为我们带来什么好处，是新技术能否取得成功的关键，也是新技术能被快速传播的关键。就元宇宙来说，即使是在早期迭代阶段，它也会为我们带来很多好处。从本质上讲，元宇宙就是与其他用户一起体验身临其境、引人入胜的现实世界，因此，如果能创造出与现实世界相似的数字现实，就能利用这项技术改变我们在现实世界中的一些行为。

远程呈现（telepresence）就是一个很好的例子，因为它让你足不出户就有机会参加世界各地的活动。你可以与朋友或同事一起参加活动；你可以创建一个虚拟办公室，在那里与团队互动，从而突破场地的限制。这些都是如何利用技术来模拟现实生活中正在发生的事情的例子。

实际上，这种技术带来的好处，是现实世界无法企及的。如果我们扩展现实的范围，就能发现这种技术的各种新的可能性，为我们带来难以置信的好处。如果我们把虚拟办公室的概念延伸到创建肿瘤的 3D 表现形式，这样外科医生就可以进入患者的大脑，切除肿瘤，并看到以前不可能看到的细节。这听起来像是科幻小说里的情节，但其实已经在发生。我的一位朋友做了脑瘤手术，外科医生使用微软全息透镜（HoloLens）混合现实头显进行手术，肿瘤的 3D 模型投射到了我朋友的颅骨上。这意味着外科医生在做手术时，能够看到肿瘤与颅骨的确切位置，并确定其二者关系。

✦ 我们的探索之旅才刚刚开始

对许多人来说，元宇宙的概念听起来相当空泛。人们认为，也许除了在线游戏，元宇宙还没有一个可靠的使用案例。很多人觉得这好像不会改变我们的生活，因为我们现在看到的那些使用案例——比如购买 NFT、加密货币、数字世界、数字服装等——确实让人感觉很空泛，而且感觉并不"真实"。

其实，正如我在序言中所说的那样，我们的探索之旅才刚刚开始，我们不知道这段旅程将把我们带向何方。我们现在还处于"灰色地图"的边缘，但当你进一步探索这个世界时，你会发现令人惊叹的事情，包括你意想不到的事情。

由于元宇宙的地图在我们看来完全是灰色的，因此我们需要开始探索。正如游戏《荒野之息》（*Breath of the Wild*）一样，谁先开始探索这些技术，谁就可能率先完成游戏。各大公司争先恐后地在数字世界中设计和构建新元素的经验、知识和技术诀窍，就是为了领先于其他竞争者。

这就是在我撰写本书时，已经有大量资金投入元宇宙的主要原因之一。因为企业认识到，这是我们需要经历的一段旅程，尽管我们还不知道它将把我们带向何方。索尼向游戏《堡垒之夜》（*Fortnite*）背后的游戏出版商史诗游戏（Epic Games）投资了 5 亿美元；咨询巨头埃森哲（Accenture）成立了元宇宙持续业务组，这是公司内部的新支柱，完全专注于元宇宙；马克·扎克伯格（Mark Zuckerberg）把元宇宙描述为"继移动互联网之后的又一大技术飞跃"，为此将他的公司名称从脸书更改为元（Meta）。

我们正处于一个通信、商业和体验新时代的开端。这是一个巨大的机遇，因为它不仅会影响我们的现实生活，还能创造平行生活和平行体验。成为游戏玩家的魅力在于，你可以活出千种人生。你可以活成《塞尔达》（*Zelda*）中的林克（Link）、《战神》（*God of War*）中的克拉托斯（Kratos）或《光环》（Halo）系列中的士官长。现在，活出这些人生是一种非常个人化的体验，有时甚至是超现实的体验，因为你是在这些游戏的背景下完成体验的。但是在未来，你能在现实世界的多种版本中以多重身份过着多重生活，与亲朋好友交往，参加各种活动，甚至以另一个自己的身份工作。在实现这一飞跃的过程中，我们将拓展自己学习、做事和探索的视野。

第 **3** 章

从反乌托邦到乌托邦
——进入元宇宙

元宇宙的概念起源于尼尔·斯蒂芬森（Neal Stephenson）于 1992 年出版的科幻小说《雪崩》（*Snow Crash*）。这部小说在很大程度上倾向于元宇宙反乌托邦❶这一概念，他之后的许多其他代表作内容也与这一主题相关。在《雪崩》这本书中，元宇宙是人们在垂死的世界中寻找的一处庇护所。由于我们正面临着全球环境危机，因此你可以把它与我们现在生活的世界相提并论。但在我撰写本书的时候，许多参与开发元宇宙的人都对元宇宙的乌托邦愿景感到兴奋。

那么，乌托邦的元宇宙是什么样的呢？人们在这里可以社交、探索、学习、创业，与心爱的人联系，并留下现实生活中不可能留下的美好回忆。你可以在月球上打网球，或与朋友们一起进行类似《星球大战》（*Star Wars*）中情节那样的探险。你还可以挖掘一些令人难以置信的社交和职业机会。元宇宙还可以为偏远地区的人们提供各种可能性，他们可以学习使用从工程到医疗等方面的知识。这是一个充满机遇的

---

❶ 与乌托邦相反，充满丑恶与不幸的环境。——编者注

虚拟世界。

元宇宙是这样一个地方：你可以在里面独自或与朋友一起创造那些故事，活在那些故事里。人们未来不仅只有一种生活，他们能够在不同的宇宙中过着多重平行的生活，甚至拥有不同的身份。在元宇宙中，"你想成为什么都行，你想成为谁都行"这句话有了全新的含义——你可以是商人、职业运动员或医生。你可以是机器人、仙女，甚至是独角兽，只要你喜欢就行！无论你决定成为谁，你都能以自己喜欢的任何方式体验那些经历，创造那些故事。元宇宙为我们提供了一种新的自我表达方式，与他人建立联系，体验不同的事物，不受评判、偏见和物理世界带来的所有其他社会限制或障碍的影响。这是真正的自由，也是元宇宙的美妙之处。

当然，这里也存在着一些危险，我将在接下来的章节中进行探讨，但先给你自己留出一点时间，来畅想一下这个美丽乌托邦里的各种可能性。

想象一堂化学课吧！教室前面没有老师，黑板上也没有用粉笔潦草地写着的枯燥公式。相反，你正在观看的是发生化学反应时的惊人细节，你可以看到粒子之间的相互作用，你能够理解这个特定化学反应背后的过程。你可以走进 3D 实验室，了解物理概念、化学反应、生物过程，而这仅仅是个开始。这是一种接收信息的体验方式，元宇宙使之成为可能。

在元宇宙中，我们将从"讲故事"变为"活在故事里"。这意味着将我们每个人都置于故事的中心，让我们相信故事。

这种方法不仅适用于娱乐，也适用于教育和学习，以及任何你想象得到的体验。正如本书将向你展示的那样，娱乐、游戏、学习、教育和普通生活的世界将开始共同融合成真正令人惊叹的东西。

✦ 乌托邦的元宇宙 = 包容性的直接民主

要创建这种乌托邦愿景的元宇宙，就必须由用户自己拥有和维护。它有可能成为直接民主的完美范例。如果我们看看像 Decentraland[1] 这样的平台，就会明白直接民主是如何玩转的：根据土地所有者拥有的土地面积向其赋予投票权，而这反过来又使他们能够掌舵公司的发展方向。

这是元宇宙的发展愿景，实际上也是未来组成元宇宙的公司的构建模式。这也与以太坊联合创始人加文·伍德（Gavin Wood）于 2014 年提出的 Web3 愿景不谋而合，Web3 是一个去中心化的互联网，每个人都可以"拥有"互联网的一部分，而根据你所拥有的具体内容（无论是一段代码、一

---

[1] 一个由以太坊区块链驱动的去中心化元宇宙平台，用户可以在这里创建、体验自己的内容和应用程序，并将其货币化。平台内可穿越的 3D 虚拟空间被称为 LAND，可由用户使用平台的加密货币 MANA 购买（然后由用户永久拥有）。MANA 也可用于购买平台上作为 NFT 出售的数字物品。

块"土地"还是数字资产），你将被赋予特定的权利。这对于向自给自足的创意和数字经济转变至关重要，我将在第 5 章对此进行更详细的讨论。

这就是我们想要创建的元宇宙：在这里，人们的创造力和努力都会得到回报；在这里，每个人都能以彼此的工作为基础，以积极的方式提升自己的能力。

✦ 反乌托邦的元宇宙 = 操纵大众和控制

与任何新技术一样，总有一些人想把元宇宙用于邪恶目的。元宇宙面临的一些最大风险在于它可能会被用于操纵大众，控制、灌输和收集数据，然后这些数据被用来确定销售和广告材料的触发点，以便加以利用。

由亚历克斯·加兰（Alex Garland）编剧和执导的美丽电影《机械姬》（Ex Machina），向我们展示了一个反乌托邦的元宇宙的例子：类人机器人❶中的人工智能代理会根据你的社交媒体个人资料进行训练，以找到引诱你的最佳方式，从而从你身上获得它想要的任何东西。这一切听起来可能相当可怕，让你想逃之夭夭，因此我们现在需要制定一些规章制度，以避免对元宇宙的滥用，并确保我们和数据的安全。

---

❶ 类人机器人：一种外形和功能模仿人类的机器人，通常具有两个腿、两个手臂和一个头部。——译者注

我们要确保这些规章制度尽快出台，越早越好。在我正在撰写本书时，看看一些公司正在开发并准备推出的下一代虚拟现实头显吧——它们拥有脸部、眼部和身体追踪摄像头等功能，这意味着它们不仅能追踪到你在看什么，还能追踪你的微表情、瞳孔扩张、身体姿势、身体素质，甚至利用肤色的微变化来追踪你的心率。此外，它们还有可能录制下来你在元宇宙说出的每一句话。这些海量数据如果不加以妥善保护的话，很容易被用于建立定制算法和人工智能代理模型，以触发任何用户的情绪反应或行动。

由于元宇宙具有沉浸式的特性，因此我们只要出现在这些平台上，就会共享大量个人数据。你在元宇宙中的所作所为会形成一个数据湖，就像在真实的湖中游泳一样，你的一举一动都会使周围的粒子发生移动。当你完全沉浸在水中时，你的身体周围会不断产生湍流。同样，当你完全沉浸在数字内容中时，你的一举一动都会产生数据，这些数据会被输入机器学习算法，派上各种各样的用场，包括创建非常逼真和可信的虚拟人 ❶ 化身，我将在第 9 章中对此进行更为详细的讨论。

我们将在本书后面的章节中探讨这些风险，以及我们能够采取和需要采取的减少风险的措施。在元宇宙的发展过程中，

---

❶ 虚拟人：一种通过计算机技术模拟的人类形象，通常用于电子游戏、虚拟现实、动画等领域。——译者注

我们必须考虑这些问题，并采取措施防止此类问题的发生，引导元宇宙走向乌托邦的元宇宙，而不是反乌托邦的元宇宙。

✦ 元宇宙的蓝图

我们希望努力创造乌托邦的元宇宙愿景，那它在现实情况中会是什么样子呢？在这个愿景中，元宇宙是一系列互联互通的 3D 世界，用户可以在其中无缝移动。当用户从一个世界移动到下一个世界时，他们不仅可以把自己的形象（化身的外观）带过来，还可以带来虚拟资产，不管这些虚拟资产是名牌手提包、宠物还是汽车。通过使用 NFT 和数字孪生，这些虚拟资产可以代表每个人在现实世界中拥有的物品。我将在第 5 章对此进行更为详细的讨论。

然而，虚拟资产也能通过其他方式渗透进现实世界。例如，当你走在大街上时，可以在你的视野上叠加一层层数字信息。这有可能让你将自己的元宇宙化身叠加到你在现实世界中的身体自我上，让戴着增强现实眼镜的人也能看到；也可能发生更加微妙的事情，比如将你的数字运动鞋叠加到你的鞋子上，当你外出活动时，戴着增强现实眼镜的人也能看到。我们的想法是，元宇宙将成为一个可互操作的平台生态系统，其特点是产品可在这些不同的平台之间进行移植。

元宇宙的终极目标是让人们能够以天衣无缝的方式，在各种虚拟平台和现实世界之间移动。要做到这一点，界面需要自然、直观、易于掌握，获取服务的途径应尽可能无障碍。无需多级菜单或复杂界面，就能与所有这些不同的世界进行交互。实现这一想法的关键之一是开发一个无障碍系统，实现不同平台之间的支付，并允许人们将购买的数字产品从一个平台转移到另一个平台。

这种无障碍系统对元宇宙的发展至关重要，因为购买资产、使用资产或获取服务越困难，这些服务、资产和场所在更广泛的公众中获得成功的机会就越渺茫。

随着元宇宙的发展，我们需要注意两个方面——一方面是与元宇宙外观有关的组件，另一方面是与元宇宙功能有关的组件。与元宇宙外观有关的组件涉及体验设计——即让用户回到特定元宇宙世界的机制，这是整个元宇宙体验的核心——以及虚拟世界和现实世界（有数字内容叠加在上面）的拓扑结构。这主要与虚拟土地的设计方式有关，在虚拟土地中，元宇宙可以有不同的布局和可视化方式。

除了这些组件，还有与元宇宙功能有关的组件。无论我们谈论的是自我表达、数字经济、内容审核还是数字资产，这些都是使元宇宙运行的组件。这组组件还包括访问元宇宙所需的头显、手机、笔记本电脑和平板电脑等所有硬件和软件。由于这些设备都可以访问元宇宙，因此如何访问元宇宙并不重要。不过，访问元宇宙的硬件将决定沉浸式体验效果。

现在市面上已经有了可以提供力反馈的触觉套装，所以如果你在虚拟现实中玩视频游戏并被击中的话，你会真真切切地感受到它。显然，如果你穿上这样的套装，你的沉浸感会远远高于在电脑上玩同样视频游戏的人。但沉浸感程度深，也不是在任何情况下都能吸引每个人。几年前，我开始在游戏站（PlayStation）❶虚拟现实头显上玩著名的恐怖游戏《生化危机7》（*Resident Evil 7*），但后来不得不停下来，因为我觉得这种体验太强烈了（它真的把我吓坏了！）。尽管现在的虚拟现实只有一些基本功能，但对我来说已经受不了了，所以我停止在虚拟现实上玩，而是在普通电视屏幕上玩了。

读到这里，你可能会憧憬《头号玩家》中所描述的元宇宙，但要在虚拟世界中实现那样的复杂程度，我们还有很长的路要走（我预计至少需要 10 年才能达到这一水平，甚至需要更长的时间）。像全方位跑步机❷、从一个世界无缝移动到另一个世界、图形和交互的水平，以及所有由人工智能制成动画的非玩家角色等概念，都需要一定的技术水平和复杂程度。

---

❶ PlayStation 简称 PS，中文名为游戏站，是日本索尼电脑娱乐有限公司开发的游戏机。——编者注

❷ 全方位跑步机：一种可以在任何方向移动的跑步机，通常用于虚拟现实游戏中，让玩家在游戏中自由移动。——译者注

在写本书的时候，我们甚至还不具备运行这种元宇宙所需的计算能力。英特尔公司高管拉贾·科杜里（Raja Koduri）甚至表示，运行未来元宇宙基础设施所需的计算能力必须比现在高出 1000 倍。正是因为这个原因，我们仍然对多人游戏有所限制。事实上，即使是目前市场上一些最复杂的多人游戏，也只能在一个游戏实例中同时容纳数百名玩家（能够看到对方并与之互动）。而在元宇宙中，你可能希望有数百万人同时出现在同一个虚拟空间中，但现在是做不到的。

我们的网络、计算能力和服务器之间的通信协议都存在限制。在我们开始接近《头号玩家》中展示的那种包罗万象的元宇宙，并为用户提供可信的体验之前，这些都是需要解决的挑战。尽管英礴（Improbable）等机构正在努力改进网络技术，甚至运行先进的军事模拟，但要想让其在专业应用之外取得成功，我们还有很多工作要做。

✦ 元宇宙的现状

2022 年，就在我写本书的时候，元宇宙由各种元宇宙平台组成，每个平台都有自己的 3D 世界集。与现代 AAA 级电子游戏 ❶ 相比，这些 3D 世界在外观和感觉上都相当简陋，而

---

❶ AAA 级游戏，指高成本、高体量、高质量游戏。

且它们之间也不互联互通。把 Decentraland 和罗布乐思等描述为自成一体的社区平台，再合适不过了。现阶段实现互联互通的障碍之一，是这些不同平台之间没有明确的互操作性或联网标准。

值得注意的是，元宇宙不仅仅是互动平台的用户访问层。元宇宙更是一套完整的基础设施，为这些平台提供支撑，将它们连接起来，并使认证、数字身份、交易、所有权和内容分发等完整机制得以实现——就像互联网是一套完整的基础设施，能为你在网上找到的各种网站、平台和内容提供支撑，而不仅仅是我们在屏幕上看到的表层一样。

如果我们要向我在本章开头所描述的那种元宇宙迈进的话，需要克服的最大挑战之一是标准、平台、经济和货币各自为政的现象。已有多个机构在努力解决这些问题，它们致力于使元宇宙早日成为现实。

开放元宇宙联盟（Open Metaverse Alliance）就是其中的一个例子，该联盟正致力于创建可在元宇宙中跨平台应用的规则和标准，以解决其中一些关键的互操作性问题。科纳斯组织（Khronos Group）也在努力制定专门针对元宇宙中 3D 资产的互操作性标准。他们的工作对于数字资产在元宇宙中实现跨平台无缝移动非常重要。在我们陆续阐述本书内容的过程中，你将了解到为什么这对我们的用户体验如此重要。

科纳斯组织还创建了一个名为 OpenXR❶ 的标准，这对于那些创建和构建跨多种设备和多种平台使用的 3D 体验的人来说非常重要。这是一种高性能、低级别的应用编程接口（API），能够跨设备（手机、平板电脑、虚拟现实或增强现实头显、个人电脑等）和平台进行连接。如果我们想从一个元宇宙硬件无缝跳转到另一个硬件，就需要开发这种技术。虽然科纳斯组织和开放元宇宙联盟等机构正在为引入此类标准铺平道路，但在我撰写本书时，我们还没有这些标准，而且很有可能在未来三到五年内，我们还没有完全设计、商定和广泛采用这些标准。因此，我们无法将当前的元宇宙平台视为互联互通和互操作的平台。

描述元宇宙现状的最佳方式，莫过于将其描述为一系列各自为政的平台。每个平台都在千方百计地创建自给自足的经济和社区，它们几乎就像铁路到来之前狂野西部的边陲小镇一样（你也可以说，元宇宙就像当年的狂野西部一样，有点无法无天）。所有这些狂野西部的小镇都自给自足，接受自己的法律管辖，靠自己的一块块土地生活。后来，铁路出现了，为城镇之间的往来提供了快速便捷的交通方式。它打开了贸易的大门，拉近了社区之间的距离，实现了法律的标准化。我们仍在铺设连接元宇宙平台的铁轨，但火车已经驶出

---

❶ 一个针对扩展现实（XR）的应用程序接口。——编者注

了车站。

✦ 谁将拥有元宇宙

必须强调的是，任何一家大型企业都不会拥有元宇宙。由于脸书于 2021 年更名为元（Meta），这也让元宇宙的归属问题平添了很多混淆和困惑。一种流行的说法是，元宇宙将归社区所有，由"土地"所有者制定元宇宙内部的规章制度，尤其是在去中心化平台变得更加突出的情况下，因为这就是它们的运营模式。

区分中心化平台和去中心化平台也很重要。元公司的地平线世界（Horizon Worlds）❶和罗布乐思就是中心化元宇宙平台的例子，它们与中央服务器一起工作，由董事会来指导公司及董事会支持的世界的规则。另一方面，我们也有像 Decentraland 这样的去中心化平台，在该平台上拥有"土地"的每个人都对平台的规则和运行方式有发言权，这一点我在前面已经解释过了。

元宇宙将是所有这些平台的集合体，其中一些是中心化平台，另一些则是去中心化平台。中心化平台将由私人或上市公司（如元公司）拥有，而去中心化平台将由平台用户拥

---

❶ 元公司旗下的免费在线虚拟现实电子游戏和游戏创作平台。它被描述为一种"社交体验"，用户可以在这里创造各种各样的沉浸式体验。

有，并将拥有与平台本身所有权相关的完全扁平化管理结构，也称为去中心化自治组织（DAO）。这意味着整个元宇宙不会被任何人"拥有"，当然也不会被一家公司拥有。

重要的是，我们必须制定适用于元宇宙内部各平台的通用标准和规则，否则它就成为真正的狂野西部了。我们需要创建一些实体，这些实体对元宇宙中的内容保持警惕，并支持元宇宙的监管和治理，以确保我们所有人的安全——不仅是元宇宙居民的安全，还有现实世界中人们的安全，因为元宇宙和现实世界之间的界限将会变得越来越模糊。

我们已经看到，如果组织脱离有效的治理和监管滥用新技术，会发生什么——看看围绕剑桥分析公司丑闻及其对2016 年美国大选和 2013 年英国脱欧公投的干预就知道了。这就是为什么制定这些法规如此重要，而且越早制定越好。一些组织已经开始界定元宇宙的指导方针，例如，世界经济论坛（the World Economic Forum）成立了一个由私营企业、主题专家❶、学术界和公共部门政策制定者组成的委员会，旨在为经济上可行、可访问且具有包容性的元宇宙制定总体指导方针。在本书的其余部分，我将讨论这些法规和我们在不同领域所需的构件，以创建一个乌托邦的元宇宙，让我们过上最好的生活，并在此期间保持安全。

---

❶ 在某一特定领域具有丰富知识和经验的专业人士。——译者注

✦ 为元宇宙注入活力

正如你看到的那样，元宇宙仍处于萌芽阶段，我们需要一些核心支柱就位，才能为元宇宙注入活力，使其把潜力发挥出来。这些核心支柱包括：

- 易于访问和安全的数字经济。

- 可互操作、互联互通及持久的 3D 世界和平台，这些 3D 世界和平台将根据特定标准和法规运行。

- 在所有不同平台上同时容纳大量并发用户的方法，使他们能够分享社交体验。

- 最低配接入终端（如手机）或顶级硬件（如触觉套装和高端虚拟现实头显）等任何设备无缝访问元宇宙的方式。

- 提供跨硬件访问的基础设施。

- 能够支持所有这些活动的网络基础设施。

- 结构合理并得到广泛采用的治理规范，涵盖用户安全、隐私、内容审核、可持续发展和负责任的人工智能，以确保元宇宙不会变成一个反乌托邦的工作平台；应与适当的实体（如国家政府和联合国等超国家组织）协调制定这些规范，而不是由在元宇宙中开发平台的公司来发号施令。

本书想要传达的主要信息，尤其是涉及元宇宙的治理，就是要从过去在监管新技术和社交平台方面所犯的错误中吸取经验教训。我们不应害怕这场新的技术革命，因为它给我们带来的机遇是令人兴奋和广阔的。

虽然元宇宙听起来像是新生事物，但支撑它的组件，如区块链和多用户技术，已经发展了很多年。就在我写本书的时候，我们已经到达了一个临界点，一个用户数量呈指数增长的拐点。因此，我们需要迅速采取行动，确保用户从现在起，在访问构成元宇宙的平台时感到非常安全。我们是时候整装待发，开始探索元宇宙地图了。

4

第 4 章

从游戏到元宇宙——
游戏机制和技术如何
改变世界

归根结底，人类通过故事进行学习的效果最好。几个世纪以来，我们一直在讲故事；千百年来，伊索（Aesop）、格林兄弟以及大多数精神领袖都是通过故事来传授知识，而不是通过幻灯片演示来传授知识，这是有原因的！

我们讲故事的方式，从洞穴墙上的象形文字开始，发展到现在的沉浸式虚拟现实体验。对我们来说，语言是一种非常强大的工具，而视觉传播则是一种更为强大的讲故事方式。作为个人和社会，我们总会被一个好故事吸引和打动。我们这么喜欢听故事的另一个原因，是故事能让我们设想生活的其他可能性。

一般来说，讲故事的人是演艺人，其实，能讲出好故事、有感染力故事的人在商业表现上也会出色。看看史蒂夫·乔布斯，你就会发现他在苹果公司取得的成功，有一部分要归功于他精彩的讲故事能力。他利用讲故事的力量来激发人们的热情，并让他们与他一起拼搏奋进。

讲故事吸引我们的一个特别方面是，它为我们提供了一个让我们在保持自我的同时，过上另一种生活的机会……即假装。我们可以从象形文字、书籍、广播、电视剧、电影，当然还有电子游戏中看到这一点。人类一直被引人入胜的故事吸引着，而成为这些故事的一部分更是在我们心中根深蒂固。尤其是电子游戏，它所带来的沉浸式体验是独一无二的。不玩游戏的人只能过一种生活，而玩游戏的人可以过成千上万种生活。

游戏是一座桥梁，我们每个人都渴望积极参与到故事中。孩子们在玩游戏时会假装成不同的人，扮演不同的角色，并以此来加深自己对世界的理解。

儿童的大脑具有所谓的"神经可塑性"，这种特性使他们能够迅速适应不同的环境。正是这种特性，让孩子们能在几个小时内从胡克船长（Captain Hook）变成卢克·天行者（Luke Skywalker），再变成超人。他们可以从一个世界进入另一个世界，调整自己，想象自己处于不同的情境中，并进行相应的表演。他们可以通过在大脑中设计一个想象的世界来创造自己。然而，随着时间的推移，这种神经可塑性会逐渐丧失。

作为成年人，我们喜欢待在自己熟悉的舒适区。我们有自己的房子、工作和家庭，对我们来说，这一切都那么熟悉。这就意味着，我们自己处于某种不熟悉或不舒适的环境中的机会越来越少。作为成年人，这使得我们很难像孩子们那样去适应和表演不同的角色。

作为成年人，如果你想体验假扮他人的感觉，完全沉浸在别人的故事中，除了去玩电子游戏，另一个选择就是真人角色扮演和扮装游戏（cosplay），而这几乎无一例外地会让你被打上"书呆子"的烙印（虽然人们越来越不认为这种行为是书呆子气……这点容后再论。再说，当书呆子也没什么不好）。

在我们成长过程中，由于现实世界的规则一成不变，因此我们与现实世界的联系日益紧密。然而，电子游戏却将这种规则抛到了九霄云外，因为你可以通过理解并篡改虚拟世界中的规则来掌握虚拟世界。

✦ 电子游戏的兴起

20 世纪 80 年代个人电脑（PC）的出现，是推动电子游戏普及的一个重要因素。个人电脑最初是作为提高人们工作效率的方式出售的，但除了完成工作任务，人们使用电脑的重要目的之一就是玩游戏。

"我 11 岁的时候，向父亲要一台电脑。我告诉他我想学编程，而且很明显，我要的是当时市场上最好的游戏机 Amiga 500——当然，因为我主要是想玩电子游戏。但父亲给我买了一台好利获得（Olivetti）公司生产的 PC XT 8086，带着一个糟糕的绿色荧光屏（绝对不是游戏机）——这至少促使我自学了如何用 BASIC 编程，编写了一些初级游戏来玩！"——尼克很快，玩游戏成为许多人使用个人电脑的一个非常重要的原因。事实上，绝大多数有个人电脑的人在安装工作软件的时候，都会至少安装一款游戏。

20 世纪 80 年代初，随着家用游戏机市场的崩溃（最终导致大量滞销的雅达利 2600 "ET" 游戏卡带被掩埋），个人电脑成为家用电子游戏的首选平台。我们还记得，在 20 世纪八九十年代，我们这些玩电子游戏的人是如何升级个人电脑的某些组件（例如即兴公司魔奇音效卡和创通公司的声霸卡）来改善游戏体验的。我们甚至还记得雪乐山在线（Sierra On-Line）在其电子游戏的包装盒上贴出免责声明，实际上这是在警告我们，如果没有声卡就不要购买它们的游戏。当时，很多人都觉得这样做很大胆，但游戏设计者知道，如果没有声卡，人们就无法获得完整的游戏体验。

20 世纪 90 年代初，《神秘岛》（Myst）的推出让 CD-ROM（紧凑型光盘只读储存器）真正火了起来，因为如果你想玩这款游戏，就需要一张 CD-ROM。这意味着许多人要么在电脑上外接了 CD-ROM，要么干脆购买已经安装了 CD-ROM 的个人电脑。如此看来，游戏一直是推动新技术发展的强大潜在力量。

"我的第一台电脑是 TRS-80 Model 3。它的内存是 4KB，当时有几款游戏可以让你移动和操纵角色。我还记得在 TRS-80 上玩过《星际迷航》（Star Trek）。但真正引起我的注意、让我痴迷的是基于文本的冒险游戏。这些游戏是第一批基于电脑的角色扮演游戏，游戏中的角色会不断成长。它们完全把我吸引住了。"——鲍勃

包括鲍勃在内的许多人之所以对文字游戏如此着迷，原因之一就是这种游戏能够让你完全沉浸在游戏的叙述中。然而，随着技术的进步，许多新的层次用来创造这种真正的沉浸式体验，而且这种体验并不仅仅局限于电子游戏，它也将成为元宇宙的重要组成部分。

✦ 技术正在赶上愿景

多年来，许多组织都尝试过创建自己的虚拟世界，这些虚拟世界通常采用学习环境的形式。它们可能是基于文本的环境，就像早期的电子游戏，或者内置的在线聊天，参与其中的人可能需要一层伪装，而这正是用于学习等活动的虚拟世界可能失败的地方。

让鲍勃着迷的文本世界依赖于他的参与。所有基于文本的虚拟世界都要求参与者积极参与并扮演自己的角色；如果他们不想或不愿意这样做，那么技术就会变成累赘，成为一种阻碍而不是帮助。这就是为什么虚拟世界在游戏之外的应用也是有限的。

然而，当虚拟现实头显开始大规模普及时，进入虚拟世

界将不再有任何阻力。这就是为学习而构建的虚拟世界真正起飞的时候，技术、价格点和我们的创造力全部聚集在一起，从而使之成为可能。

游戏是向虚拟世界演进的过渡阶段。从早期的文字类冒险游戏，到《网络创世纪》（*Ultima Online*）等虚拟世界的早期迭代（当时的虚拟世界更加图形化，人们可以创建完整的经济体），再到现在的《魔兽世界》（*World of Warcraft*）等一些复杂且引人入胜的虚拟世界，游戏玩家一直都愿意对技术进行测试，看看它能做些什么。

图形和交互性的演进，为我们带来了《魔兽世界》这一瑰宝。这款游戏不仅在故事性和互动性方面具有开创性，在社区创建方面也是如此。人们在游戏大会上相遇，在《魔兽世界》中结婚，在这个虚拟世界中生活一辈子。这只是一个例子，说明技术在过去的 20 到 25 年里显著演进，这些技术已经提供了人们可以大量参与的互动环境。为了将这类冒险变得丰富多彩，20 世纪 80 年代的游戏玩家不得不忍受那些早期笨拙的基于文本的冒险游戏。有时，这对人的忍耐力的确是一种考验！

进入这些世界的阻力越少，进入障碍越少，游戏就越成为主流。部分原因是技术演进到某种程度时，这些虚拟世界变得更加引人入胜，越来越多的人会参与到这一虚拟世界中来，并最终形成一个社交媒体平台。社交媒体平台让每个人都能发出自己的声音，这使关于虚拟世界和游戏的讨论可以触及更广的人群，同时也让他们在决定进入前，有一个安全的途径来对它进行探索。

如果你看看《龙与地下城》（D&D）的复兴，就会明白这种社区参与是多么重要。可以说，如果不是因为美国网络系列剧《关键角色》（Critical Role）里的一群配音演员玩D&D，并直播他们的游戏过程，D&D 不可能恢复到现在的受欢迎程度。该系列在 Twitch❶ 和油管上播出，这些社交媒体渠道使其获得了广泛的关注。

社交媒体将这些社区捆绑在一起。过去，我们有许多游戏玩家部落，但彼此的关系很疏远。然而现在，利用社交网络他们能够在游戏本身的界限之外，以一种自组织的方式相互联系。

社区和部落的概念，对理解元宇宙是非常关键的，因为元宇宙试图创建的是一个深度连接的社区和部落集合体。在《魔兽世界》等游戏中，我们越来越多地看到玩家在游戏宇宙中演绎真实的生活事件。人们为自己的角色开派对，在游戏中结婚……他们不仅是在玩游戏，还是在这个虚拟世界中过着一种平行的生活。游戏与现实生活之间的界限变得越来越模糊。

---

❶ 一个面向视频游戏的实时流媒体视频平台。——编者注

✦ 身份与匿名：从游戏到元宇宙

人们被游戏吸引的原因之一，是它提供了过另一种生活和凭自身努力获得新身份的可能性。身份将是元宇宙的基本要素，而游戏世界可以提供一个有用的案例研究，说明我们如何在虚拟世界中创建身份以及如何保护身份。

在最成功的角色扮演游戏（Role-playing game，简称 RPG）中，你可以从种族、性别到服装和配饰等各个方面选择角色。我们看到，元宇宙平台上已经出现了类似情况。《堡垒之夜》就是在游戏和元宇宙之间架起桥梁的游戏之一。由于人们对自己的角色进行了美容定制，该游戏的创造者史诗游戏通过微交易❶ 赚取了数十亿美元。这些改装只是一种表达自我和身份的方式，不会以任何方式影响他们在游戏中的表现。对有些人来说，这可能听起来很疯狂，但其实这与花钱去理发店理发或文身没有什么区别（而且有了虚拟化身，你至少不用自己挨针了！）。美容定制和自我表达的终极自由是元宇宙的特征。

正如我们通过《英雄联盟》（*League of Legends*）等在线游戏所看到的那样，需要在建立新身份、自我表达和匿名之间取得平衡。万一你对《英雄联盟》不熟悉，那我来告诉你，它是一款免费的多人竞技场游戏。游戏开发商唯一出售的是

---

❶ 指在网络游戏、应用程序或其他数字平台上进行的小额交易，通常用于购买虚拟物品或服务。——译者注

定制角色的功能，这意味着你需要花钱来打造自己形象。除了服装，你还可以为自己的角色购买更多的功能，例如舞蹈动作，甚至还可以对你杀死的人进行冷嘲热讽。

然而，《英雄联盟》乃至整个游戏的阴暗面在于它们可能培养出不良的网络环境。《英雄联盟》就是一个有趣的案例，游戏中的玩家经常以恶劣的方式对待彼此，非常令人讨厌。开发商拳头游戏（Riot Games）花了大量时间和金钱来防止玩家之间的不良行为，但收效甚微。导致这种不良行为出现的主要因素之一就是匿名。

我们应该不惜一切代价避免个体在元宇宙中使用匿名，因为匿名不仅让人们在实施不良行为时有了藏身之所，还有可能让人们把自己伪装成别人。我们说的并不是限制人们表达自己的能力——如果你想在元宇宙中以龙的形象出现，因为这是你认为最能表达自己的方式，那就请便吧。我们说的是防止人们创建假扮他人的化身，或将其作为骚扰和贬低其他用户的平台。我们不想给人们披上匿名的外衣，让他们有恃无恐地欺凌、威胁或利用元宇宙来达到自己邪恶的目的。

在任何给定的元宇宙游戏平台上，尽管用户之间互为匿名，但元宇宙平台提供商应始终能识别用户的唯一身份，以确保对他们的行为负责。

✦ 参与规则

匿名对于企业元宇宙（enterprise Metaverse）是不合适的，对于以社交互动而不是游戏化环境为主的元宇宙也是不合适的。玩游戏的人都知道，我们只有在游戏中才会采取某些行动，比如杀死别人的角色，此时我们披上了匿名的外衣。

无论是在元宇宙还是虚拟游戏中，我们都必须知道规则是什么，并且遵守这些规则。例如，在电子游戏中，游戏社会可能会接受你杀死另一个角色，但如果我们看看《魔兽世界》，你必须选择参与这种体验。在另一个角色杀死你的角色之前，你必须选择加入 PvP 模式（玩家对玩家）。当你这样做时，你就会知道规则就是这样。

随着元宇宙的发展，我们必须应对的挑战之一，是不仅要区分何时何地可能会有不同的规则，还要确保每个进入虚拟环境的人都接受并遵守这些规则。

✦ 伦理与身份

2022 年初，我参加了一个元宇宙社交活动，在这次活动当中，很多人都对元宇宙还很陌生。他们都选择了自己的化身，其中有位男士，我们姑且称他为尼尔，选择了一个女性化身。有两位参加活动的男士取笑他，因为尼尔选择以女性化身出现在元宇宙中。

当时，尼尔可能只是想尝试扮演一个不同的角色，但如果尼尔是变性人，并选择了一个女性化身来表达真实的自我，以此向他的朋友们公开自己的真实性向，那会怎么样呢？如果尼尔朋友们的反应和那两个在活动中嘲笑他的人一样，你能想象这对他会是多么大的打击吗？这就是为什么元宇宙的伦理如此重要。虽然它仍处于发展的萌芽阶段，但我们需要考虑这些问题。

对于这种特殊情况，我们的解决方案是声明尼尔和同事们在组织中遵循的商业伦理准则，在元宇宙中也同样适用。当然，与元宇宙紧密相关的政策仍在不断演进，而且会持续一段时间，这是一个很好的起点。如果你在现实生活中不会以特殊方式对待别人，那么在元宇宙中也不要这样对待他们。

即使我们知道我们在元宇宙中的所作所为不会对现实世界中的人造成身体上的伤害，我们也必须以身作则，约束自己任何暴力或威胁行为，因为元宇宙将成为我们现实生活的一部分，也将成为我们未来生活的一部分。

此外，在虚拟世界中还需要有一种举报不良行为的机制，并针对不良行为做出处罚。

在工作环境中，我们的元宇宙身份必须与我们的角色相符，而且我们的身份必须清晰可辨。不过，在元宇宙的某些领域，例如虚拟游戏中，允许匿名也是有道理的。

✦ 将游戏和元宇宙区分开来

尽管游戏机制和技术无疑一直是并将继续是元宇宙创造和扩展背后的强大推动力，但我们必须将元宇宙与我们在元宇宙中玩的任何虚拟游戏区分开来，因为游戏环境中允许的某些行为在社会中是不可接受的，因此在元宇宙中也是不可接受的。

对许多人来说，玩《毁灭战士：永恒》（*Doom Eternal*）这类极端暴力的游戏是一种情感宣泄，是一次缓解压力的机会。在这个特殊的例子中，你可以将内心的恶魔全部投射到这个虚拟世界并与之战斗，这意味着你或许会将这些恶魔留在这个虚拟世界中，而不会带到现实生活中，这对许多人来说非常重要。

然而，我们必须将游戏和元宇宙区分开来，前者是纯粹的娱乐，后者更像是现实生活的平行版本。这并不是说元宇宙中就没有提供纯粹娱乐的地方，只不过那里运用的规则可能更接近于电子游戏的规则，而不是你所期望的文明社会的规则。我们需要据此对这些地方进行明确的标注，这样我们才能知道在元宇宙的不同区域可能遇到的情况。

我们已经在电子游戏、电影甚至音乐中，对露骨内容、辱骂性语言和暴力做出了免责声明，那么在元宇宙中的任何游戏或游戏环境中，也需要采取类似的做法。

例如，目前你可以用 Meta Quest VR 头显玩一款名为《醉酒打架》（*Drunken Bar Fights*）的游戏。这款游戏很有趣，模拟了一场非常激烈的酒吧斗殴。游戏明确标注了是面向成熟观众的，所以你知道你将进入的是一个什么样的游戏，你可以为此做好准备。

我们必须了解的事实是，元宇宙将是一个巨大的虚拟环境，我们可以从一个地方无缝移动到另一个地方。只需动动手指（或者发出语音指令），你就能打开并进入一个完全不同的世界，但你需要对你所进入的世界有所了解。如果进入的是现实世界中的一个雷区，你希望看到警告你即将进入雷区的标志。我们需要以类似的方式来思考元宇宙，尤其是元宇宙中的游戏。

✦ 游戏：在规则内假装

说白了，游戏就是在规则范围内的"假装"。如果你看到两个孩子在后院玩耍，其中一个孩子拿起棍子"射"向另一个孩子，被"射"的孩子有两种选择。他可以说："不，我没有死，你没射中我！"他也可以说："好吧，你射中我了，我死了。"然后在 10 秒后起死回生。如果被射的孩子选择了第一个选项，游戏可能不会持续太久，因为这对双方来说都没什么意思。但是，如果被射的孩子选择了第二个选项，那么他们就在这次经历中增加了一条规则，然后他们可以在此基础上扩展一个更加复杂的游戏，尽管他们仍然只是在假装。

玩游戏时，你是在假装，但规则已经为你设定好了。话虽如此，你仍然要不断对自己的参与程度做出决定。

迪士尼乐园和迪士尼世界的"星球大战：银河边缘"（Star Wars: Galaxy's Edge）就是一个绝佳的例子。它不仅是一个主题公园所在地，还是星球大战的最佳"伪装"地点。在这里，你在花园里假装成千年隼号（Millennium Falcon）的大纸板箱，被真正的千年隼号取代了；你不再和街区尽头那个总是装扮楚巴卡（Chewbacca）的高个子孩子说话了，因为你现在可以和真正的楚巴卡面对面。你可以选择是接受这一切，假装自己是这个宇宙的一部分，还是把它当成主题公园，只说自己想去玩游乐设施。如果你选择第一个选项，这将是真正的乐趣所在，因为你正与展现在你面前的整个宇宙进行互动。如果你想获得更深层次的沉浸式体验，你可以登上"星球大战：银河星际巡洋舰"（Star Wars Galactic Starcruiser），在星球大战的银河中进行模拟巡航，成为你自己故事中的英雄。这是一种高端体验，虽然价格不菲，但这种深度的沉浸式体验和真正成为星球大战中角色的感觉如此引人入胜，一些粉丝已经乘坐"CSL 太平盛世号"（CSL Halcyon）星际游船进行了多次航行。

迪士尼乐园在"银河边缘"和"星际巡洋舰"创造的是世界上最好的沉浸式体验之一。它们将人类的想象力提升到如此之高的境界，使你不仅能够轻松地参与其中，而且还乐于参与其中。你会为进入那个世界并成为其中的一员而感到狂热和兴奋，这里的重点是，沉浸感是双向的：如果你不参与其中，不投入其中的幻想，它就不会起作用；如果你有抵触情绪，就不会真正体会到沉浸式体验，会产生不协调的感觉。

沉浸在虚拟世界中的决定也不是一次性的。你必须做出许多微观决定，才能继续沉浸其中。你是否会在每次互动中都保持自己的角色？沉浸式体验在许多方面大量借鉴了即兴戏剧（improvisational theater），而即兴戏剧完全依赖于多人同意保持"角色和当下"。当你听到即兴表演者说"是的，而且……"时，他们说的就是这个意思。在艺术上，你可以创造出一种易于参与的体验，但每个人都有责任决定自己是否要继续参与并沉浸在眼前的世界中，是否要继续体验这种生活。元宇宙的规则仍在制定之中，我们有能力在数字环境中塑造这些体验，就像我们小时候和好朋友在后院玩棍子时，有能力决定自己是否被"射中"一样。

✦ 在玩耍中学习

玩耍能让我们产生黏性记忆（sticky memories），是我们学习新知识的最有效方式。这就是围绕学习游戏有大量讨论的原因，因为通过玩耍进行的学习更有趣、更吸引人、更难忘、更身临其境。简而言之，通过玩耍进行学习比其他方法更有效。

在真正沉浸式的 3D 世界中，这一点尤为明显，因为你可以在这些环境中使用空间记忆。这种学习方法还与一种名为"记忆宫殿❶"的记忆技术有关。你可能听说过扑克玩家使用这种技术来记住发牌的顺序，或者魔法师使用记忆宫殿来帮助他们记忆超长的质数和序列。从本质上讲，记忆宫殿是一种将二维信息（例如一副扑克牌中的"黑桃皇后"）与通过特定空间地点所构建的想象旅程（比方说"走过一座桥"）相联系的技术，并在头脑中记住与从一副扑克牌中抽出的所有牌（而不是牌本身）相联系的所有想象地点所构建的想象旅程。记忆宫殿技术在帮助人们记住复杂的信息或序列（如数牌）方面非常有效，这是因为作为智人，我们的大脑是由灵长类动物经过几个世纪的进化而来的，而灵长类动物的生存与记住最近的食物来源、最近的住所、最近的水源等的位置息息相关。我们的大脑在生物进化过程中储存了与空间信息和行动相关的记忆，以保证最大的生存机会。因此，空间记忆和边做边学是极其强大的工具，它们以最自然、最有效的方式传递信息并确保记忆保持。

为什么这一切如此重要呢？因为社会的价值与民众的学术水平是成正比的。如果能够以更令人难忘的方式传递信息，就能帮助更多的人接受更高层次的教育，从而促进社会的演进。

沉浸式学习不仅是学习事实和信息，它还能提高我们的同

❶ 一种记忆技巧，通过把要记忆的信息与熟悉的空间位置联系起来，帮助记忆和回忆。——译者注

理心。虚拟现实和增强现实技术尤其如此，它们从根本上说是同理心机器（empathy machine），并且目前已被用于这一目的。例如，联合国正在利用虚拟现实来宣传战争、难民悲剧等社会问题。有了这项技术，人们现在可以体验另一个群体中某个人一天的生活，比如，让男性体验女性在男性主导的环境中，可能遭受骚扰或区别对待时的感受。

归根结底，这是未来使娱乐与工作之间的界限变得模糊的技术。游戏机制有可能将枯燥或困难的任务或学习，转变为更吸引人、更有趣的事情。这样，游戏机制就有可能为我们大家创造更好的生活方式，让我们在个人生活和职业生涯中过得更加快乐。

✦ 游戏：初步感受元宇宙的未来

长期以来，游戏世界的发展为技术发展铺平了道路，而技术发展也在整个社会中得到了越来越广泛的应用。这意味着，如果你想一窥未来元宇宙的面貌，游戏世界是一个不错的选择。

具体到图形方面，我们已经看到了很多的照相写实主义 ❶，不仅是化身，还有环境、照明和渲染。这一趋势势不

---

❶ 画家、雕塑家等以照片为参照，力求客观性和真实性的创作风格。——编者注

可当，而且还会持续下去。只要看看正在发布的一些游戏，如《GT 赛车 7》(*Gran Turismo 7*) 和《地平线：西之绝境》(*Horizon Forbidden West*) 中的图形，就能知道过去 20 年里，我们在图形方面取得了多么大的进步。这些游戏里的图形绝对令人难以置信。

我们在虚幻引擎 5 (Unreal Engine 5) 等工具中看到了图形保真度的巨大转变，这不仅将是我们在未来的电子游戏中看到的图形保真度，也将是我们在元宇宙中看到的图形保真度。然而，电子游戏和元宇宙两者之间是有区别的，元宇宙是面向大众的。我们目前使用的现代控制台和游戏机的计算能力，并不是大多数人都能拥有的，游戏玩家只不过是元宇宙覆盖人群中的极少一部分。这就凸显了更多地在云端而非本地设备上来执行计算的重要性，因为这将使更多人能够在元宇宙内获得高水平的图形保真度。

在我对未来的设想中，用户将不再购买需要大量组件才能提供计算能力的昂贵设备，而是购买价格低廉、体积较小的设备，然后支付订阅费用，就能通过云"以服务的形式"获得计算能力。如果这一点得以实现，我们将看到元宇宙中的每个人都能获得更好的图形保真度。不过，我们现在还没有实现这个目标，要想实现的话，可能还需要 5 到 10 年甚至更长的时间。

归根结底，随着图形保真度和照相写实主义的提高，游戏世界让我们看到了未来元宇宙可能的视觉效果。毫不夸张地说，我们的目标是创造出类似于《星际迷航》中全息甲板一样的东西——想象一下这将带来怎样的体验吧!

本章撰稿人:鲍勃·杰勒德(Bob Gerard)

鲍勃·杰勒德是埃森哲元宇宙持续业务组的学习领导者,同时也是该组织学习独创性小组的负责人。在这里,他的职责是帮助员工掌握在元宇宙发展过程中所需的工作技能。他还把自己描述为"电子游戏时代的孩子",终生热爱游戏。

5

第 章

一场无法破解的去中心化
革命——进入区块链和
加密世界的领域

要想充分了解元宇宙，并开始理解迄今为止已确定的许多使用案例，就需要了解区块链的概念。区块链是元宇宙结构不可分割的一部分。更具体地说，它为元宇宙的经济框架奠定了基础。

✦ 区块链的定义及工作原理

区块链是在网络节点之间共享的一种分布式数据库 ❶ 技术。不过，区块链的功能与传统数据库并不相同。普通数据库将数据存储为行和列，而区块链将数据存储为区块。

区块链最大的特点就是分布式。平常的数据库，比如公司用来管理员工信息的数据库，往往是集中在一台服务器或者一组服务器上，由一个中心来管理和维护。而区块链则像是把这个数据库打散，分散到全球各地无数台电脑（也就是

---

❶ 一种数据存储系统，将数据分布在多个计算机节点上，这些节点通过网络连接在一起，以提高数据的可用性、可靠性和性能。——译者注

节点）上。当某个节点要记录一笔新交易时，它需要向其他所有节点广播这个信息。然后，各个节点会根据既定的规则（也就是共识机制）来验证这笔交易是否合法。只有当大部分节点都认可这笔交易时，它才会被正式记录到区块链中。这样一来，因为每个节点都有相同的账本，并且大家共同参与验证交易，所以区块链上的数据很难被篡改，非常可靠。❶

要描绘区块链的工作原理，请想象一下，你要和 5 个朋友分享你的激光唱片。你们每个人都有一个代表自己的齿轮（这就是网络节点），所有这些齿轮通过一条链条（网络）连接起来。当你与一位朋友共享一张唱片时，你的齿轮会移动，他们的齿轮会移动，系统中其他三个人的齿轮也会移动。每次移动都会产生一条记录，记录哪张唱片被借给了哪个人——这条记录是由加在每个齿轮轴底部的一个环来表示的。

这意味着，在这个由单链条连接的系统中，每个齿轮下的齿轮轴上都有相同的环，因此他们都拥有相同的信息。因此，区块链系统中的每个节点就像其中一个带环的齿轮，而系统是由一条链条连接起来的。

区块链与数据库（无论是标准的集中式数据库还是分布式数据库）的根本区别在于：在区块链中，每个节点存储的数据都保证是相同的。无论数据属于私有网络还是公共网络，情况都是如此。这就为数据提升了可信任度。

---

❶ 本段内容由 iCloser 创始人赖军补充。——编者注

这也是区块链极难被黑客攻击的原因，因为不仅每个节点中的信息是加密的，而且这些信息被复制到数据库中的每个节点，并且它们之间相互连接。此外，每个附加的数据"环"都是根据链条中的前一个数据"环"进行加密的。这就意味着，如果你想黑掉 253 号交易，你不仅需要黑掉那一个节点所在链条上的其他 252 个区块，还需要黑掉该数据库中的每个节点。这就是区块链技术在安全与保障方面如此强大的原因所在。

✦ 公有链与私有链之间的区别

在公有链中，每个人都能看到所有内容，这意味着加入该网络的各方都能看到相同的信息。而在私有链中，只有特定区块的签名者才能看到其中的内容。比特币和以太坊就是公有链的例子，而 Corda 或 Hyperledger Fabric 则是私有链的例子。公有链和私有链之间的区别不在于信息本身，而在于谁能访问这些信息。

当然，在某些情况下，私有链更受欢迎。那些正在区块链上建立的国家证券交易所 / 清算 / 结算机构都是建立在私有权限区块链上的，因为法律要求这些交易是私密的。例如，高盛集团（Goldman Sachs）不应该看到摩根士丹利（Morgan Stanley）所做的交易，反之亦然，这就是该行业使用私有链的原因。而像比特币或以太坊这样的公有链则不存在这些要求，这就是为什么它们是开放的，所有人都可以看到。

在区块链的分类中，联盟链在特性上处于公有链和私有

链之间。❶

在参与主体上，联盟链由多个业务相关的机构或组织共同管理与维护。例如跨境贸易中，海关、物流企业和金融机构组成联盟链。公有链则面向所有网络参与者，任何人都能成为节点；私有链通常由单个企业或组织独自掌控。

在权限管理方面，联盟链的权限由成员共同协商，通过制定规则和共识机制来明确操作和数据访问权限，各成员均有一定的决策与管理权力。公有链靠去中心化共识机制保障运行，不存在单一控制中心；私有链的权限集中于单个主体，可全权掌控链上事务。

在数据开放性上，联盟链的数据仅在成员间共享，对非成员保密。公有链数据完全公开透明，任何节点都能查看所有交易和信息；私有链数据仅在企业或组织内部可见。

在应用场景中，联盟链常用于供应链管理、跨境贸易、金融合作、医疗数据共享等领域，以解决多机构间的信任与协作难题，世界不少国家也采用国内联盟许可链的模式提供类似公有链的服务。公有链主要用于数字货币、去中心化金融等领域；私有链则适用于企业内部财务管理、审计等场景。

通过上述对比，我们能清晰地看到联盟链与公有链、私有链的差异，及其在区块链生态中的独特地位与作用。

---

❶ 本段开始至"……的独特地位与作用"，由 iCloser 创始人赖军补充。——编者注

✦ 区块链的起源

区块链的概念起源于 20 世纪 90 年代中期学术界开展的工作，但直到 2008 年中本聪（Satoshi Nakamoto）的白皮书发表后才引起广泛关注。在这份白皮书中，中本聪匿名概述他创建了一个新的在线支付系统，即世界上第一种加密货币：比特币。

比特币的愿景是成为一种不受国界或特定管辖区法规限制的货币。它是一种全球通用的数字货币，每个人都可以使用，为所有人提供平等机会。区块链与比特币是同时开发的，以建立加密货币运行所需的信任。区块链最重要的功能是值得信赖。它不仅意味着每个人都能看到相同的信息，还能确保每个人都知道他们看到的信息是有效且正确的。

你可能已经看到过关于区块链被黑客攻击以及人们在区块链领域遭受损失的故事（尤其是公有链领域，因为在私有链领域看不到同样的问题）。这些问题之所以发生在公有链领域，并不是因为区块链技术存在弱点，而是因为社会工程学[1]和人们泄露了自己的私钥[2]，这反过来又让其他人获得了他们的数据。

---

[1] 一种操纵人际关系以获取敏感信息或实现其他目标的心理操控技术。通常用于网络安全领域，通过欺骗手段诱使他人泄露密码、账号等敏感信息。——译者注

[2] 一种加密和解密数据的密钥，仅由密钥所有者知道。它与公钥配对使用，通常用于加密通信和数字签名。——译者注

事实上，黑客并不攻击区块链本身，而是攻击移动应用程序和网站，它们与区块链服务器连接以推送用户执行的交易。其薄弱点不在于区块链，而在于手机 / 终端与服务器之间的连接。区块链本身是无法入侵的，但是，为区块链交易提供支撑的基础设施却非常容易受到黑客的攻击——这就是问题所在，也是技术架构师 ❶ 仍需努力提高安全措施的地方。

✦ 区块链使用案例：加密货币

如果我们以比特币为例，就会明白为什么区块链对加密货币如此重要。目前，世界上有 2100 万枚比特币，并且比特币的数量永远不会超过这个数字，因为不会再生成比特币了，这点与美元是不同的。美国联邦储备委员会（Federal Reserve）可以决定印制更多的美元，并将其投入流通渠道，但这在比特币上是行不通的。

比特币是一种数字货币，如果你想用比特币支付，你就需要证明，当你用自己的电子钱包给别人比特币时，这些比特币不会被复制到其他人的电子钱包中。区块链就是确保比特币不会被双重支付 ❷ 的技术。

---

❶ 负责设计和实施计算机系统、软件和网络架构的专业人员。——译者注

❷ 一种在数字货币交易中的欺诈行为，指一个人使用同一笔数字货币进行两次或多次支付，又称双花问题。——译者注

✦ 区块链使用案例：NFT

NFT（非同质化通证）是数字资产所有权的不可篡改证书。就像比特币的例子一样，区块链可以确保知道谁拥有特定的数字资产。根据定义，"非同质化"是指某物是独一无二的，因此世界上不可能存在某一个给定 NFT 的副本。NFT 及其子集数字孪生，是区块链的绝佳使用案例。

NFT 和数字孪生有多种途径，能够改变世界的运行方式。例如，你可能在现实世界中购买了一辆汽车，同时也会收到一个数字孪生体。数字孪生体是一种特殊的 NFT，可以与实物资产进行通信。它包含一系列智能合约，可以做各种各样的事情。汽车的数字孪生体可以帮你找到停车位并自动付费；可以让你为汽车购买额外的马力；可以自动为汽车预约年度保养；如果汽车抛锚或在事故中受损，它可以预订修理所需的零件，并在汽车被运到修理店时将这些零件送到修理店。

从本质上讲，当你改变资产的数字版本时，它将修改物理版本，反之亦然，这就是为什么 NFT 可以让你做一些比如增加或减少汽车马力的事情。说到汽车市场，汽车受移动开放区块链倡议（MOBI）颁布的标准管辖。在汽车行业，有 158 家机构加入了 MOBI，几乎包括了所有的汽车制造商。MOBI 制定的区块链标准规定了这些 NFT 与其特定车辆的通信方式。

在汽车行业，NFT 还有更多的应用领域。例如，如果你购买的汽车带有与汽车点火装置相连的 NFT，那么你只有拥有了 NFT 后，才能启动汽车。NFT 位于汽车制造商构建的应用程序中，因此当你的手机通过蓝牙连接到汽车，并且汽车识别到你手机上的 NFT 时，你就可以启动汽车了。

NFT 还可以包含车辆的全部历史记录，因为你可以使用附加的 NFT 来充实原始 NFT 上的数据。例如，如果车上的传感器感知到这辆车曾发生过事故、更换过零件，甚至某个零件存在缺陷，那么底层技术❶ 就可以将这些信息附加到 NFT 上，为未来的车主提供全面的车辆历史记录，这意味着他们可以清楚地知道自己买的是什么车。有了 NFT，汽车制造商还可以从车辆转售中获得一定比例的收益。这将产生巨大的财务影响，因为汽车制造商可以获得大量尚未开发的收入。这对汽车购买者也有利，因为他们可以清楚地知道汽车行驶了多少公里、更换了哪些零件、是否发生过事故等。

在这一行业中，NFT 几乎可以杜绝汽车盗窃现象，并将严重限制地下拆车厂的发展，因为每个 NFT 都融合了汽车所有的物理构件。这意味着，引入 NFT 不仅会大大降低人们偷车的能力，因为你没有办法把汽车开走，还意味着窃贼无法重复使用与 NFT 连接的任何零件（即任何带有电子元件的零件）。

对于奢侈品制造商来说，NFT 和数字孪生也很有吸引力。比方说，你在买迪奥手提包的时候，还会收到了一个 NFT。

❶ 指支撑某个系统、产品或服务的核心技术。它通常是不可见的，但对于系统的功能和性能至关重要。——译者注

作为消费者来说，这就证明了你是该迪奥手提包的主人，也就是说，如果把它卖掉的话，你能够证明它是真实可信的。

对于制造商（本例指迪奥）来说，有几种对其有益的使用案例。首先，由于 NFT 能显示手提包的真伪，所以将消除山寨名牌手提包的巨大市场。更重要的是，NFT 还为迪奥提供了第二个收入来源，因为手提包一经出售，迪奥就能从售价中获得一定比例的收益。因此，奢侈品制造商不仅可以减少欺诈和假冒产品给公司造成的损失，还可以创造新的收入来源，因为目前他们还无法参与转售市场。仅手提包转售市场每年的价值就高达 700 亿美元，因此这是一个巨大的商机。

对于消费者的另一个好处，是 NFT 有可能赋予你一项权利——你可以将迪奥手提包的虚拟副本带到你参与的任何虚拟世界中。这意味着你可以在 Decentraland、地平线世界、沙盒游戏 ❶（The Sandbox）或参与的任何虚拟世界中，将手提包作为你的化身和生活方式的一部分。

这就是 NFT 与元宇宙的连接方式，因为它让我们把物理世界和数字世界结合起来，把我们在现实生活中喜爱的东西也带进数字生活。

---

❶ 一个由社区驱动的平台，平台用户可以在这里创建体素资产和游戏体验，并将其货币化。SAND 是该平台使用的加密代币，LANDS 是用户拥有的世界的一部分，用于创建体验并将其货币化。

✦ 与 NFT 相关的权利

创建 NFT 时，可通过购买该 NFT 获得四类权利。你享有的权利将因相关的 NFT 而异。

知识产权：NFT 可能只赋予你查看和展示物品的权利，也可能赋予你商业使用 NFT 的权利，或者（如迪奥手提包的案例）可能允许你拥有基础资产，甚至可以对其进行修改。

财务权利：你可能有权出售 NFT，你可能有权将某个特定的 NFT 作为抵押物进行贷款或借款，或者你可能有权获得版税。美国音乐家纳斯（Nas）已将其两首歌的版权使用费作为 NFT 出售，购买 NFT 的人可从相关歌曲的流媒体版税中获得一定比例的收益。

访问权限：NFT 可以赋予你进入虚拟世界、玩游戏或参加特别活动的权利。

赎回权：NFT 可以赋予你获得实物商品的权利（如迪奥手提包的案例），或者购买某个特定的 NFT 可以赋予你获得忠诚度奖励的权利。

这些权利都是通过智能合约实现的，而智能合约是写在区块链之上的。这就是元宇宙和区块链密不可分的原因。

NFT 是物联网演进过程中的重要一步，因为当一件实物的所有组件都通过一个单一的 NFT 连接起来时，就形成了实物资产的数字足迹。我们前面谈到了 NFT 如何彻底改变汽车行业，要是再想想房地产市场就更加明白了。房子是一种极其有价值的资产，当你把房产转卖时，它的价值就会增加。目前，建筑公司无法从转售市场中获利，但有了 NFT，它们就可以获利了。如此看来，这项技术将会为许多传统行业创造全新的市场。

✦ 创作者经济时代的到来

许多人将元宇宙和 NFT 的出现描述为创作者经济时代的到来，因为现在有技术可以让创作者从他们的创作中获益，而不仅仅依靠单一的实物销售。创作者可以是制造商（如汽车制造商），也可以是艺术家、音乐家和时装设计师等。

在这个新世界里，任何物品的原创者都有可能从其作品的未来销售中获得第二次和第三次版税。

这也与 Web3 的发展趋势相关。Web3 是对互联网的新演进，由以太坊联合创始人加文·伍德于 2014 年提出。他的愿景本质上是实现互联网的完全去中心化，即我们迈向的互联网不是基于集中式数据库的，而是每个数据库都是去中心化的。这种方法的魅力不仅在于我们已经讨论过的加密货币和 NFT 的使用案例，而且还在于编码方面的应用。

因此，互联网和某些平台上的代码可以连接到区块链系统。这意味着，作为一名程序员，你可以将一段代码附加到一个特定的区块上，不仅你自己可以继续使用这段代码，还可以让其他人在你的代码基础上进行构建。当别人在你的代码基础上进行构建并从中获利时，你也可以获得一些收益。这是一种在为某项工作做出贡献的每个人之间公平分配版税的方式。

所有这一切对于创意经济（creative economy）来说非常重要，因为这意味着任何创作者都能在最初的销售和作品完成后很长时间内从他们的创作中获益。从本质上讲，这是一种为创新和创作提供资金的模式。

✦ 元宇宙经济

区块链和元宇宙是完全独立的概念，但在经济层面，如果没有区块链技术作为元宇宙的核心，元宇宙经济的某些方面和特定使用案例将无法正常运作。区块链提供的是信任，它可以与身份、所有权相联系，还可以以版权使用费和所有权形式正确分配功绩和财富。它在混乱中创造秩序。

在元宇宙平台上，经济的运行方式通常有三种。第一种是自下而上的方式，即元宇宙平台上的一些用户（被称为创作者）以智能合约的形式，在元宇宙平台上设计、创造和销售数字资产。该智能合约可证明那个特定唯一数字物品的所有权，也被称为 NFT。然后，这个元宇宙里的其他居民就可以购买这些资产，使经济以自给自足的方式循环起来。

元宇宙中经济运行的第二种方式是自上而下的方式，即品牌通过向现有土地所有者租借土地或购买自己土地的方式加入元宇宙平台，以提高品牌知名度，最终成为创作者，并从顶层向社区投放其品牌 NFT，从自上而下的模式中获利。有些品牌进入元宇宙只是为了提高品牌知名度，而不是为了出售任何资产或商品。

元宇宙经济运行的第三种方式是最有趣的。这是一种自上而下、自下而上的经济。在这种模式下，品牌将向元宇宙平台投放 NFT，这些 NFT 与其知识产权的使用权相关联，元宇宙平台上的创作者可以购买或在某些情况下免费获得这些知识产权。一旦创作者拥有了这些知识产权，他们就可以在 NFT 的基础上创造出能在元宇宙平台上出售的新资产。当然，这些知识产权会附带一些条款和条件，但对于品牌来说，让元宇宙平台上的创作者成为其产品在数字领域的设计师，并以指数方式放大与其品牌相关的产品和服务，这终究是一个机会。

可口可乐是已经在尝试这种方法的大品牌之一。该公司放弃了其标识的使用权，创作者已经创造出了各种各样的资产和商品——从可口可乐 T 恤衫到可口可乐俱乐部——都是以 NFT 的形式制作的。

元宇宙的魅力在于，品牌可以决定自己的参与方式：是愿意全面坚持自上而下的方式，还是愿意放弃对某些品牌元素的控制，让创作者在元宇宙中更加自由地使用自己的品牌。这就是区块链再次变得至关重要的地方，因为支撑品牌 NFT 的智能合约是可撤销的，允许品牌进行自我保护。通过从区块链上撤销权利，与任何被撤销的特定 NFT 相关联的所有资产也将被撤销。

另一个与元宇宙相关并由区块链技术实现的有趣而独特的概念是"去中心化自治组织"。去中心化自治组织最有名的例子，莫过于元宇宙平台 Decentraland 了，其特殊性在于其治理方式。在像元公司的"地平线世界"这样的中心化（非区块链式）平台上，治理是由领导管理团队负责监管的；如果是上市公司的话，则由投资者董事会负责监管。在 Decentraland，关于治理和商业的所有决策都是由用户以直接民主的方式投票决定的，这些用户在元宇宙平台上购买了一部分数字土地❶作为NFT，并拥有与数字土地数量成比例的投票权。用户通过投票，有可能从财务、技术甚至政治上引导平台的发展方向。这是革命性变革，因为它把权力交给了人民，让他们决定平台的未来。

区块链技术是这一革命性方法的核心，因为它是智能合约的基础，而智能合约可以让权力在这个世界的互动者之间传递。区块链为交易过程提供了信任，也为卖方和消费者提供了所需的保护，因为只要你在那个世界上购买东西，你就会清楚地知道你买到的是什么，你知道它是真实可信的，你知道你是唯一一个买它的人。区块链在元宇宙交易中提供这种信任度的基础。

---

❶ 一种虚拟的土地资源，通常用于在线游戏、虚拟现实和其他数字平台上的土地所有权和使用权。——译者注

✦ 识别风险

尽管这一切看起来令人信服，但这种模式也有令人担忧的地方，尤其是在治理和服务水平协议等方面。并不是与元宇宙打交道的每个组织都适合成为去中心化自治组织，例如金融机构就并不适用，因为金融机构根据受托责任，必须拥有一致的治理体系。在这种情况下，去中心化自治组织的模式对金融机构来说就并不合适——试想一下，如果纽约证券交易所变成一个去中心化自治组织，并突然改变了规则，这将是非常危险的——不仅对那些直接参与其中的人来说如此，对经济来说也如此。

虽然元宇宙可以让我们做很多美好的事情，但我们同时也必须了解如何以安全和负责任的方式开发和使用它，以保护参与者的安全和权利。

在撰写本书时，我们可以确定元宇宙中的其他风险与NFT和加密货币有关。先来说说NFT。与任何投资资产一样，NFT的价值完全取决于人们愿意为其支付的价格。我们已经看到过这样的例子：NFT以数百万美元的价格售出，但买方在日后试图转售时发现其价值已大幅下降，因为人们对它的兴趣已经消失殆尽——杰克·多西❶（Jack Dorsey）的首条推

---

❶ 推特创始人。——编者注

特就是一个典型的例子。这条信息在 2021 年拍出了 290 万美元的价格，但当买家在 2022 年 4 月想将其转售时，他只得到了 200 多美元。

在撰写本书时，我们看到许多 NFT 倡议，都是由大规模的社交媒体活动、名人代言和有影响力的人推动的。这会抬高所售资产的价值，但当人们的兴趣浪潮消退时，相关 NFT 的价值自然也会随之下降。

我们还看到某些加密货币在 2022 年出现了非常严重的崩盘现象。虽然现在受影响的加密货币都与现存的元宇宙平台没有具体关联，但这并不意味着未来就不需要防范这类风险了。这些币的价值是由供需决定的，可能会大幅波动（正如我们看到的那样）。因此，你需要完全明白，当你把辛辛苦苦挣来的钱兑换成元宇宙平台接受的加密货币时，你就是在投资。投资可能顺利，也可能失败，这是你开始使用数字货币时需要承担的风险。

当我们进入元宇宙时，我们还得保持警惕，谨防上当受骗。我们中的大多数人都习惯于删除不时出现在收件箱中来自"尼日利亚王子"[1]（Nigerian prince）的电子邮件，他许诺

---

[1] 在网络诈骗中，这个词语常被用来形容一种常见的电子邮件诈骗手法，即发送者自称是尼日利亚王子，声称需要帮助将大量资金转移到国外，并承诺给予操作者一定比例的回报。然而，这通常是一种欺诈行为，旨在骗取受害者的钱财。——译者注

只要你提供银行账户信息，就能分享他的数百万财富！元宇宙平台上也可能发生类似的骗局，只不过换了一种伪装而已。元宇宙中的某个人可能会许诺用数字物品、战利品或其他美好的东西来换取你的金钱，但当你把钱交给他们时，他们却突然消失得无影无踪了（你也没有得到他们许诺给你的物品）。

在《魔兽世界》和《暗黑破坏神》（Diablo）等使用游戏货币的电子游戏中，这些骗局司空见惯，这在元宇宙中同样也会发生。随着我们在这些虚拟平台上花的时间越来越多，要对这些骗局保持警惕。

使用者要格外关注这些风险，在把资金投入加密货币、NFT 或其他数字资产时，与你在现实世界中可能进行的任何投资等同对待。投资前要做好研究，了解自己的投资对象，并运用常识来判断。目前，许多这样的平台还没有得到监管，这让诈骗者有了可乘之机，但我们可以通过了解投资信息来降低这些风险。

我们还必须认识到，与元宇宙相关的许多风险都是真实存在的（与任何新兴技术一样），包括我们目前无法预见的风险，例如与治理、隐私、内容审核和滥用技术相关的风险。意识到现在存在的盲点，有助于我们尽早发现这些风险。尽早识别这些风险是至关重要的，因为了解这些风险将有助于我们找到解决方案。我们也得承认，有一些潜在的风险我们暂时还没有意识到。随着技术的演进，我们必须保持警惕，发现这些风险。

✦ 区块链：在元宇宙中创造自由

利用区块链有几个好处——事实上，区块链是元宇宙内经济和市场结构的关键；它还能创建去中心化自治组织，从而赋予人民权力。

区块链技术还可用于确定数字身份，这对于在元宇宙内建立问责制和确保元宇宙平台中的每个人都遵守规则，是至关重要的。在元宇宙内制定规则是一个重要话题，我们将在第 7 章中进行更为详细的讨论。

✦ 元宇宙和 NFT：彻底改变品牌运作方式

元宇宙，特别是 NFT，使品牌有能力颠覆其现有的市场进入结构。例如，利物浦足球俱乐部等体育队现在通过第三方销售商品，通过第三方销售门票，甚至通过第三方与球迷进行互动。

明天，随着元宇宙和这项新技术的到来，利物浦足球俱乐部（以及任何其他品牌）将能够完全控制自己的资产，并决定如何营销、销售和引导客户。它们可以建立一种客户参与模式，使俱乐部与客户直接进行互动，分享他们想要传递的信息，并保持对信息的完全控制。如何做到这一点呢？那就要通过智能合约和 NFT。作为一个品牌，你可以完全控制谁有权访问你的品牌资产，以及他们从这些资产上可以获得哪些信息和权利。

在这个新世界里，公司可以创建自己的品牌战略，并完全拥有它。公司将不再需要依赖第三方来分销产品，因为它们有办法自己控制这一切。全球各大品牌已经意识到这是一场革命性变革。它们正在咨询如何利用这一优势，如何建立品牌忠诚度并改变客户行为。

企业可以使用 NFT 和元宇宙来改变与客户互动的方式，无论你是奢侈品制造商、银行还是小型企业。

✦ 开拓全球市场

元宇宙最令人兴奋的一个方面，是在人类历史上首次出现了完全不受个人居住地限制的创业机会，无论身处何处，个人都有在全球范围内创造、营销和销售产品的机会，并且在这一过程中可能获得丰厚收入（或在某些情况下获得财富）。

无论你住在世界的哪个角落——是纳米比亚、乌干达、英国、泰国，还是津巴布韦——只要你有一个有趣的数字产品创意，而且人们愿意为此付费，你就能因此赚到钱。由于地理位置在元宇宙中并不重要，所以大家都能平等参与，而且一旦我们开始更加广泛地使用加密货币，本国货币的强弱也就无足轻重了。这就是元宇宙将我们引向创作者经济的方式，因为在元宇宙中，人们渴望的是内容。

创建 NFT 不需要你有多聪明，但你要有创意，能够想出别人想要的数字产品，并在抖音、照片墙、Discord、红迪（Reddit）和 Twitch 等社交平台上开展有效的推广活动，并通过社区进行营销。这对创作者和小型企业来说真是太棒了，他们将有机会接触全球受众，并能以极低的成本生产和销售产品。

这种模式不仅赋予了创作者权力，而且由于消除了中间人的角色，因此节省了我们在当今经济中不得不支付的许多不必要费用。例如，有了区块链，你就无须聘请机构来研究房产契约，因为所有这些数据都可以随时访问。如果你现在的企业是一家整合商或中介机构，想要在元宇宙这个新经济中生存下来，那么你很可能需要改变你的商业模式。生存的关键是要确保你提供的是增值活动，任何不能为人们的生活或他们购买的服务提供增值的活动都将消失。

对于银行业等数百年来从未改变过运营方式的行业来说，这是一个可怕的趋势。银行业的机构才刚刚开始看到这种威胁，而那些具有超前思维的机构已经在探索，随着元宇宙、区块链和加密货币的到来，它们在思考未来如何能代替银行业的功能，并扮演什么角色。

一些机构甚至开始探索元宇宙领域，例如，利用区块链技术对自己的公司进行分拆，比特币交易公司也在努力为元宇宙中的 NFT 购买和土地经纪提供服务，但这些都是初步的探索。试想一下，10 年之后，当我们真正了解去中心化技术的价值以及它所带来的社会机制时，我们还能创造出什么样的服务和产品。

区块链为在元宇宙中进行的交易提供了安全保障，而且基于区块链技术，我们拥有了在元宇宙中进行商业活动的结构。我们正在进入一个勇敢的新世界。

本章撰稿人：杰米·所罗门（Jamie Solomon）

杰米·所罗门是一位创新者，在全球咨询公司实施"可能的艺术"以实现商业价值方面拥有40多年的经验。他始终利用尖端技术推动公司内部和行业层面的转型。他负责增长型市场的区块链和多方系统，并管理埃森哲的全球NFT和代币经济业务。他领导区块链领域的项目已有7年之久。杰米领导创建了多个金融服务联盟，并从根本上改变了行业的运作方式。杰米的妻子安吉丽娜（Angelina）是一名高端时装设计师。他们有3个非常可爱的孩子（都有4只毛茸茸的脚）——2只西伯利亚哈士奇犬和1只孟加拉猫。杰米喜欢各种体育运动，包括篮球、足球、橄榄球和拳击，既喜欢自己上场玩，又喜欢观看。

6

第 章

一个勇敢的新世界

关于元宇宙的概念和构成元宇宙的因素，存在着不同的思想流派。有些人认为，元宇宙要具有社交性质，如果没有多人互动，元宇宙就不会存在。还有一些人认为，元宇宙背后要有某种交易商业基础，比如区块链、加密货币或 NFT。这两个概念并不相互排斥，我相信两者都将是创建未来元宇宙的基础，因为它们之间是相互促进的。

我们还需要认识到，有些技术可以支持元宇宙，并且是实现元宇宙的基础，例如沉浸式世界、增强现实技术和虚拟现实技术，这些技术可以对世界上任何地方任何公司的价值链产生令人难以置信的积极影响。事实上，元宇宙已经有许多企业使用案例，其中许多使用案例并不侧重于企业对消费者的互动，而是以运营效率和生产效率为中心。

为了帮助大家了解我们正在进入的这个勇敢的新世界的面貌，我将探讨元宇宙中出现过的一些使用案例，并向大家展示摆在我们面前的各种可能性究竟有多么巨大。

✦ 产品设计与开发

大多数为消费者设计和生产产品的公司都使用计算机辅助设计（CAD）来创建 3D 模型。大多数设计过程通常是合作性质的，一旦创建了 3D 模型，就需要对这些设计文件进行多方审查。使用这类 3D 模型有时会很困难。在某些情况下，企业可能需要打印陶土原型（clay prototype），这些原型不仅价格昂贵，而且难以实时更改。

这也意味着，不在同一个地方的团队成员同时处理同一个模型，还要沟通和讨论潜在问题及其解决方案，这是非常困难的。那不妨进入元宇宙吧。

多用户体验、3D 世界和沉浸式技术等，可以让不在同一个地方的团队进行合作设计和审查。这实质上是创建了一个虚拟工作空间，在这里，每个人都可以同时看到和处理同一个 3D 模型，并自由交流。

使用虚拟工作空间和 3D 模型进行产品开发与设计的另一个好处是，更容易与焦点小组[1]（focus group）或消费者共享这些 3D 模型，使他们能够实时审查产品并快速有效地提供反馈。如果得到焦点小组成员的许可，你甚至可以通过跟踪他们的注视位置、身体姿势和语音语调，来监测他们对产品的

---

[1] 选自各阶层，讨论某专项问题，所得信息常为市场研究者或某政党所用。——译者注

生理反应 ❶。作为企业，你就可以跟踪用户的情绪反应。

这就为产品设计与开发提供了很多可能的使用案例。

● 实时产品审查。

● 不在同一个地方的团队之间就产品设计进行合作。

● 无须制作物理原型，使用数字模型进行用户评估和验收测试。

说到用户测试，这可能是无价之宝，能让企业深入了解如何改进产品的功能性、可用性，甚至只是改进产品的美观。

✦ 制造：培训

一旦制作出 3D 模型并达成一致意见，就需要制造产品本身。为了创造新产品，任何公司都需要提高员工的知识水平。在任何一家制造公司，员工在开始生产新产品之前都需要完成培训。这可以确保他们了解智能手机、电视或汽车等复杂设备所需的组件。除了生产流程中有些部分是完全自动化的，其他步骤则需要手工完成。要想拥有一条有效且高效的生产线，你的员工就必须提高技能，熟练掌握新的生产方法。

有两种方法可以做到这一点。第一种是使用老式的培训方法，把员工带到一个有模拟生产线的地方，教他们如何组

---

❶ 身体对刺激或环境变化的自动反应，包括心率、血压、呼吸等生理指标的变化。——译者注

装产品。要做到这一点，你不仅需要一个大的物理空间，这个空间还得便于你要培训的每个人进出。除了培训本身，还需要有人监督学员的进度和表现。这种方法的可扩展性如何？并不特别突出，尤其是在新冠疫情期间，人们的流动性和工作时间都会受到影响，以至于无法让许多人同时聚集在一个空间里。此时，元宇宙的沉浸式技术就有了用武之地。

公司可以利用已经用于设计流程、设计审查流程和用户体验测试的同类 3D 模型，为员工创建培训模块。这样，公司就可以提高员工的技能，完成技能培训并胜任工作。当然，如果培训采用数字格式，提供和分发培训就会变得更加容易。

想象一下，对于每一位需要完成培训的员工，你可以向他们的手机发送电子邮件或推送通知，告诉他们戴上头显，登录公司账户，在一个沉浸式空间里完成培训。斯坦福大学通过沉浸式学习平台提供商 Strivr 提供的数据研究发现，使用虚拟现实解决方案完成培训的人员与通过 2D 屏幕提供的普通在线学习方法相比，记忆保持率高出 15%。这表明，边做边学对于增加共享信息的黏性非常重要。此外，虚拟现实培训解决方案使员工满意度提高了 30%。接受培训的人员在测试中的得分较高。

对于那些在 3D 沉浸式环境中接受培训的人员来说，与使用 2D 培训材料相比，这种体验能让他们更好地应对压力，还能让他们形成肌肉记忆，无须公司购买和维护仅用于培训目的的额外设备。

油管是世界上最大的"视频教程"宝库。据估计，油管上大约一半的搜索都是针对"视频教程"的。我们早已知道，人们之所以寻找视觉内容❶，是因为他们发现与阅读手册相比，这种方式更便于学习。现在想象一下，你可以将视觉学习与模拟实际任务结合起来，帮助人们形成肌肉记忆，了解如何实时使用工具，创造出与人们在现实世界中工作时相同的情感投入。

如果说所有这些好处还不够的话，那么以这种方式开展培训并充分利用虚拟工具和培训环境，还能让企业获取分析数据，跟踪每个员工的表现。这样，你就能立即清楚地了解员工工作的熟练程度，从而更有效地规划生产周期。

例如，如果你需要员工的熟练程度达到 70%，才有可能建立一条新生产线的话，那么你可以跟踪员工在培训过程中的进步情况。这会让你能够确定从什么时候开始生产新产品，并制定一个相当准确的时间表。在虚拟的沉浸式环境中进行培训，你可以找出员工在生产过程中容易出错的地方，并加以改进，以确保在实际生产中不再出现这些错误。

采用这种方法进行培训可以大大节约成本，这不仅是因为你不需要一个实体场所来举办培训，也不需要支付人员前

❶ 指通过视觉感知的图像、视频等形式传达的信息。——译者注

往该场所的费用，还因为你根本也不需要创建一个现实培训环境。甚至可以节省培训师的费用。而且培训立刻会变得更具可扩展性，因为你可以通过那时随处可见的设备将培训内容分发给员工。以这种方式进行培训，你所需的设备价格大约是 2022 年上市的顶级苹果手机价格的四分之一。

虽然我在本节中谈到了现实培训，但沉浸式 3D 培训环境对于情商训练也极其有价值。这种培训不仅能让受训者的心情更加愉快，还能为他们提供一个没有干扰的环境，使整个培训过程更加有效。

✦ 制造：生产

一旦对员工进行了新产品生产培训，与有一年左右时间生产经验的人相比，你可以预期新员工对这项任务的熟练程度约为 75%。要想完全精通和熟练工作，需要时间进行反复操作。而刚开始从事生产的人就算对培训知识掌握得不错，但还没有完全精通，那如何缩小这 25% 的差距呢？答案就是使用元宇宙。

当然，企业希望尽快缩小这 25% 的差距，确保制造团队中每个人的工作效率都达到极致。这时，你可以使用即时培训（just-in-time training）。这就要求每个人都戴上类似微软的"全息透镜 2"的头戴式设备，该设备会为每个人提供指导，告诉他们如何使用他们在设计、审查、用户体验和培训中已经使用过的相同 3D 资产完成一项任务。

通过头戴式设备进行即时培训的巨大优势在于，接受培训的人不必将注意力不停地从工作平面切换到指导平面，因为一切都由眼前的眼镜驱动。这种方法的另一个好处是，当信息以视觉方式呈现而不是通过阅读手册时，用户所能吸收和处理的信息量明显更多。

试想一下，当你完成一项新任务时，你在指导平面和工作平面之间来回切换需要花费多少时间。现在想象一下，你正在做的工作涉及汽车保险丝盒的接线，你必须把多根电缆精确地放在正确的位置上。

这种系统不仅能使工作人员更快、更高效地完成任务，而且还更安全。利用头显中的摄像头，系统本身可以在人工作时进行安全和质量检查。假以时日，设备或具有分析能力，它们能够预测人为错误，识别即将犯错的人，并在他们陷入危险或损害产品之前予以纠正。这样一来，人们的工作环境将变得更加安全，产品质量也会得到提高。

✦ 品牌和营销

产品生产出来后，需要将其推向市场，我们可以再次回到元宇宙。

想象一下，把 3D 模型拿出来，放进元宇宙平台。然后，你就可以用它来创造有趣的娱乐体验，不仅可以展示新产品，也会让你的品牌大放异彩。我们必须牢记，元宇宙的核心是体验，以及为元宇宙特定区域的用户提供情感价值。

这就需要公司有足够的创意，在元宇宙中推广自己的产品，提高品牌和产品知名度，并以消费者喜闻乐见的方式宣传新产品。我们将在第 8 章中详细介绍这一主题。

我刚才探讨的所有使用案例都与设计、生产和销售实体产品有关，那么在元宇宙中创建完全数字化产品的潜力如何呢？

✦ 数字产品

这是一个独立的使用案例，也是企业越来越感兴趣的使用案例。正如我们在第 5 章中所讨论的那样，公司有能力创造完全数字化、只在元宇宙中才存在的产品。例如，一家公司可以创造一双完全品牌化，而且只在元宇宙中才存在的运动鞋，我们已经看到许多公司在尝试数字产品，尤其是在奢侈品领域。

仅 2021 年第三季度，数字物品的交易额就达到了 200 多亿美元。全球 NFT 和数字产品销售额的增长清晰地表明，消费者乐于花钱购买属于他们而且仅属于他们的独家数字内容。这一切都要归功于 NFT 技术所带来的独占性。无论是限量版数字运动鞋还是限量版数字手提包，人们已经在花费数千美元购买这类产品。对于任何已经拥有强大品牌的企业来说，这都是一个特别有效的使用案例。这些品牌能够吸引在元宇宙中最活跃的受众群体，即Y世代❶和Z世代❷。发布数字产品不仅能利用现有的品牌知名度，还能使这些品牌获得更多的追随者，因为购买这些数字产品的人会成为品牌大使。

正如我在第 5 章所解释的那样，元宇宙内的经济有三种运行方式。第一种是自上而下的方式，即品牌推出数字产品，用户可以直接从品牌处购买。除了现有品牌涉足元宇宙的这一领域，还有 Fabricant 等完全数字化的时装公司，甚至还有 DressX 等数字化时装多品牌零售商。

第二种是自下而上的方式，即居住在元宇宙中的创作者自己制作产品，并将其出售给元宇宙中的其他居民。如果你的产品很酷，人们愿意购买，你就可以以此为基础建立整个企业。即使你的产品是在元宇宙内进行销售和使用，但作为企业，你同样可以在元宇宙之外的平台上推广这些产品。你可以用照片墙、抖音、Twitch、红迪、电报❸（Telegram）或 Discord 来推广 NFT 和数字产品，并鼓励人们在元宇宙中使用它们。

还有一种是这两种方式的融合，即品牌与元宇宙中的创作者合作，比如第 5 章中关于可口可乐的例子。

---

❶ 也称"千禧一代"，指出生于 1981 年至 1996 年，随着互联网的发展而成长的一代人。
❷ 指出生于 20 世纪 90 年代末和 21 世纪初，从未经历过没有互联网的世界的一代人。
❸ 一种社交软件。——编者注

✦ 求职和招聘

在招聘、求职和人力资源领域，对元宇宙来说，有几个使用案例。例如，通过为企业创建的虚拟现实和 3D 世界，可以让人们充分体验企业中某个特定角色的"一日生活"。你还可以利用这项技术为求职者设置实际测试，评估他们胜任该职位的能力。例如，假设你要招聘一个对体力要求很高的角色。你聘用了一个人，但在上班第一天，他就发现这个职位对他的体力要求太高了，他并不能完全胜任这份工作。你在招聘过程中投入的时间和金钱也因此打了水漂。但是，如果你能为他们提供虚拟的"一日生活"试用期，以评估他们是否喜欢并能胜任这份工作，这种情况就完全可以避免。

当然，你也可以在元宇宙中通过虚拟现实进行远程面试和职业检查。有价值的使用案例，也并不仅局限于招聘领域。例如，如果某人刚从大学毕业并获得了工程学位，那么他可以先体验工程专业的不同岗位，然后再决定自己的职业发展方向。

虚拟现实还可用于新员工入职培训。在新冠疫情期间，咨询公司埃森哲利用元宇宙对 120 000 名员工进行了入职培训。埃森哲从元公司购买了 60 000 个头戴显示器，并利用 3D 世界创建了虚拟入职培训体验。因为他们意识到，在视频通话中对 200 人进行入职培训并不高效。因此，他们选择用创建虚拟氛围的方式对新员工进行培训。这一点在营造社交氛围方面尤为明显，而这种社交氛围通常是在本人亲临现场的入职培训活动中才能体会得到。

对于加入像埃森哲这样的咨询公司的人来说，在完成入职培训的头几天就开始建立自己的人际网络非常重要，因为你建立的人际网络将为你在公司的第一项任务提供机会。当你在视频通话中面对 200 人的人墙时，是很难建立人际网络的。然而，埃森哲用来创建 3D 世界的平台却非常容易营造社交氛围，而且因为有定位音频❶技术，你可以创建一个小圈子，便于彼此的轻松交流。在这个虚拟 3D 世界中，这种社交壁炉聚会非常自然，而且非常成功。埃森哲使用这个平台对约 150 000 人进行了入职培训，这在一家拥有约 700 000 名员工的公司中是非常了不起的。

✦ 打造无缝数字旅程

在与消费者体验相关的讨论中，人们通常会提到元宇宙。但重要的是要认识到，元宇宙应在你生活的每个角落提供无缝的数字旅程。在这个世界里，你可以毫无障碍地从文字处理器切换到个人电脑上的游戏。在元宇宙中，无须区分"工作"元素与"娱乐"元素。我们谈论的是 3D 和数字世界，平衡元宇宙的不同元素，对我们来说应该是自然而然的事情。

事实上，我们已经习惯了这种多任务处理的技术方法。在

---

❶ 一种音频技术，可以根据听众的位置和方向来调整声音的输出，使得听众可以感受到来自不同方向的声音效果。——译者注

现实生活中，经常会出现这样的情况：你用一个屏幕显示电子邮件，而用另一个屏幕观看网上的节目，你还可能同时通过智能手机与朋友聊天。这种跨越生活不同元素的多任务处理对我们来说是自然而然的事情。

在未来，我设想虚拟现实和增强现实眼镜等沉浸式技术和设备，可以让我们与自己的化身从工作会议无缝移动到与朋友打高尔夫球。或者，你在结束与客户或同事的虚拟通话后，可以直接去听一场数字音乐会。

✦ 工作场所是元宇宙的入口点

我们应该记得，游戏是通过主要为工作目的而购买的个人电脑进入千家万户的。我相信，虚拟工作场所很容易提升人们对元宇宙技术产生类似的接受程度，事实上，它将成为推动我们大规模采用沉浸式技术（如采用虚拟／增强眼镜）的临界点。

我已经提到过，Z 世代和 Y 世代是目前最有可能接受元宇宙和沉浸式技术的人群，因此企业需要开始考虑如何鼓励 X 世代❶（Gen X）和婴儿潮一代（boomer）❷等开始使用这种新技术。鼓励这些人群使用新技术的最佳方式之一，就是向他

---

❶ 出生于 1965 年至 1980 年之间的一代人。——译者注

❷ 婴儿潮时期出生的人，即第二次世界大战之后一直到 20 世纪 60 年代早期出生的人。——译者注

们展示在这些数字领域有更好的工作和合作方式，并强调通过数字证书认证实物财产和商品的众多使用案例。在第 5 章中，我们概述了采用区块链技术和 NFT 带来的许多好处，我们需要向所有对元宇宙不确定或犹豫不决的人清晰传递这些好处。

✦ 将数字与实体进行融合

元宇宙最重要的应用之一就是将数字与实体进行融合。我相信，将实体产品与数字产品连接起来的使用案例，也就是我们在第 5 章中讨论的数字孪生，将对经济和用户产生真正的变革性影响。

当增强现实眼镜变得无处不在时，我们将达到数字与实体真正无缝融合的地步。想象一下这样的场景，当你每天忙忙碌碌时，能够看到周围的数字世界，并获得实时信息和分析结果。想想谷歌地图是如何改变你的导航方式的吧。如果你有一部能上网、电池续航能力强的手机，再加上谷歌地图，你就不可能迷路。即使在 20 年前，口袋里装着这种交互式实时导航工具也是不可想象的。智能手机让我们能够随时随地与我们想要的任何人进行交流。

元宇宙只是将所有这些进展提升到一个新水平。根据谷歌地图数据库中的 2D 图像，我们已经可以在任何街道上兜来兜去了。但在元宇宙中，你再也不用在一个小屏幕上看着图像，然后费力地用手指和触摸屏把图像移到正确的方向。那时，你可以来到世界上任何一条街道，环顾四周，仿佛身临其境。想象一下，如果你来到意大利佛罗伦萨的一条街道上，正仰望着圣母百花大教堂，那将是一件多么奇妙的事情啊！

再想象一下，未来你正在参加一个社交活动。每个人的头顶上都写着他们的名字（我很容易忘记别人的名字，所以迫不及待地想让这一切成为现实），而你的眼镜会向你提供信息，告诉你所在的房间里，谁对你来说是最有趣的人，是适合你去交谈的人。你的眼镜甚至有可能帮你解读别人的微表情，从而判断你的谈话方向是否正确。

想象一下，从商务会议到约会，甚至帮助那些难以读懂他人情绪的人在社交场合建立更多人际关系，人们将从实时微表情分析中受益的使用案例会有很多。这是一个充满各种可能性的世界，这些可能性将通过信息得以实现。如果你戴上沉浸式头显或类似设备，就能看到这些信息。

这项技术之所以具有如此巨大的变革潜力，其中一个原因就是它不会分散使用者的注意力，也不会在他们与互动对象之间制造障碍。举例来说，现在如果你与某个人交谈的时候，从口袋里掏出手机开始搜索信息以核实对方告诉你的内容，会被认为是不礼貌的行为。但是，有了可穿戴设备，应用程序就可以自动对别人告诉你的内容进行核实，并实时提醒你注意任何虚假信息。

✦ 挖掘新的超能力

我相信，只有当真正的变革性使用案例出现，人们开始意识到，如果没有沉浸式设备，他们就会错过其他人已经拥有的超能力时，支撑元宇宙、使我们能够在数字世界和物理世界之间无缝移动的技术才会得到大规模采用。

其实，我们早已拥有了触手可及的超能力：如果你想打车，你需要优步；如果你想约会，你需要 Tinder[1]（不过很遗憾，你无法保证约会质量）；如果你想知道正在播放什么歌曲，你需要 Shazam[2]。所有这些应用程序都需要手机。有了虚拟 / 增强眼镜这样的沉浸式设备，这些超能力将不仅仅是触手可及，而是直接呈现在我们眼前。当我们开始发现需要这些沉浸式设备才能访问的使用案例时，我们将会看到这项技术得到更为广泛的采用。只有到那时，老一辈人才会真正开始认识到这项技术的价值，并在生活中接受它。

元宇宙不仅仅是年轻一代与品牌和体验建立联系的地方。也将是一个让我们所有人都拥有超能力的基础设施。

你也可以把元宇宙看成是一系列原料，其中包括沉浸式技术、区块链、3D 世界、社区、身份和新经济等。你可以把所有的"调味品"都混合在一起，也可以决定只精心混合其

---

[1] 国外的一款手机交友 App。——编者注
[2] 一个音乐识别软件。——编者注

中的两种或三种。这就像魔术师的一本食谱，我们都还在学习运用这些新奇的原料会创造出什么样的效果。反过来，随着技术演进变得更加复杂和可靠，原料本身也会成熟起来，味道变得更加丰富，这将使我们能够创造出全新的食谱。

最重要的是，你需要提供变革性体验来推动人们购买新硬件。苹果公司确保所有产品战略都以用户体验为基础，在这一点上就做得非常好。当用户体验、技术和商业模式融为一体时，就有可能实现创新领域所谓的"iPhone 时刻"（iPhone moment）——创造出真正的变革性新产品。此时，在虚拟现实和增强现实头显领域，技术几乎已经到位，用户体验也不错，并且商业模式也差不多已经成熟。我们等待的只是一个小小的火花，在正确的时间，让三者汇聚在一起，点燃人们大规模采用的热情，推动元宇宙向前发展。

✦ 走进这个勇敢的新世界

对一家企业来说，我能给的最好建议就是开始试用这项技术，看看它如何融入你的企业，如何利用它开发 Z 世代和 Y 世代可能感兴趣的产品，甚至可以更新你的客户群。无论你是想改善培训效果、制造能力和生产效率，还是想提高你的品牌和产品知名度，抑或是想创造全新的、完全数字化的产品和服务，你都必须开始使用这项技术。走进地图，开始小试牛刀，探索你周围的风景。你永远不会知道，你可能会发现一些隐藏的宝藏！就算你遇到了障碍，你也可以现在知道它的位置，可以开始准备克服它。

尽管这会涉及一笔资金支出，但你将会在产品上积累知识资本，无论何时更新设备，你都可以将这些知识转移到新设备上。你现在可以为一种头显创建内容，然后通过对所使用的平台和基础设施进行明智的战略性选择，就可以终生拥有这些内容。当你使用这项技术提供培训时，无论是针对现场人员的即时培训，还是通过虚拟现实进行的入职培训，都能够帮你精简工作流程，进而提高生产效率，这样就能降低企业其他方面的成本。由于员工得到了更好的培训，你将创造出更好的产品；由于员工始终知道他们在做什么，以及企业对他们的期望是什么，他们对自己的工作就会感到更加满意。得益于培训和内置的安全功能，工作场所的安全也会得到改善，事故和伤害也会减少。

从消费者的角度来看，你可以提高品牌知名度，接触到世界各地数量惊人的潜在客户。以罗布乐思为例——截至2022年5月，该平台每天的活跃用户达到5000多万。如果你加入罗布乐思，就有可能接触到这些用户，让更多年轻人看到你的品牌。与实体产品相比，进入数字产品行业的障碍很少，因为3D数字产品从本质上来说是数字产品，制作这些产品并在元宇宙上发布的成本非常低。

在元宇宙中取得成功的关键是带着一项战略进入元宇宙，你必须仔细考虑清楚你要做什么。首先要有一个商业目标，并将其设定为你的北极星（你想去哪里，你想实现什么）。你也可以从解决一个痛点开始。这个痛点将是你的起点，你可以在此基础上，基于技术驱动因素（technology enablers）开始设计产品和服务。通常情况下，如果你既有痛点（起点），又有商业目标（希望达到的目标），那么在使用案例设计阶段，你的创新思维就有了明确的指向矢量。从这个精心设计的过程中产生的使用案例通常最具变革性。

一旦确定了方向，你需要制定试点战略、最小可行产品（MVP——实现目标所需的最小规格的产品和服务）战略，以及一份活动清单，该清单可根据第一步的成功与否来扩展和发展所创建的产品。企业进入元宇宙的第一步必须根据关键绩效指标（KPI）来衡量，这些指标在战略计划的设计阶段就已确定。

你在战略评估阶段提出的任何想法，都必须根据影响力和可行性确定优先次序。这是一个坚实的战略框架，可用于设计适用于你的企业的元宇宙使用案例。在第 8 章中，我将分享更多关于企业如何在元宇宙中开展业务的细节。

最重要的是开始行动起来——开始构建一个能立即产生影响的小型 MVP；开始构建你的知识资本，发展你的元宇宙知识；开始学习如何在虚拟世界、虚拟环境和虚拟经济中制定战略；开始考虑如何使产品线多样化，以及元宇宙为你的品牌带来的各种可能性。我给你的一条建议是：不要把在元宇宙中的活动局限于现实世界的活动范围。寻找可以在这些虚拟世界中拓展业务和构建产品的方式，以便与你在物理世界中提供的产品相辅相成。

元宇宙为公司产品实现多样化，远远超出现有产品范畴，提供了一个绝佳机会。就像个人可以成为他们想成为的任何人一样，企业在元宇宙中也可以成为他们想成为的任何公司。在这里，企业可以探索多种潜在身份，而不必像在现实世界中那样承担太大风险。元宇宙将由我们来塑造，是时候进入这个勇敢的新世界，为你的品牌和业务创造一个全新的身份了。

7

元宇宙社会学

我们所说的"元宇宙社会学"是什么意思呢？简单地说，元宇宙以经验和社交互动为基础，而支配这些社交互动的是部落主义。这些"部落"可以由特定的活动、特定的话题甚至特定的品牌来定义。就像我们在互联网上使用不同的网络来讨论政治、音乐、活动和商业等各种问题一样，元宇宙将为我们提供另一个社交互动的空间，而且是以一种更加个性化和沉浸式的方式。

✦ 部落主义在元宇宙中的重要性

作为人类，我们终其一生都聚集在可以与其他志同道合者建立联系的地方，我们与生俱来就渴望围绕某些话题、使命和价值观聚集在一起。过去，我们总是需要一个实体场所来举办这些聚会。人类的社交需求是不变的。我们天生就是社交动物，这就是为什么在元宇宙中考虑建立社区是如此重要，尤其是如果你的企业想要在元宇宙中占有一席之地。

社交媒体之所以如此成功，就在于它所提供的社交元素。如果不继承和发扬社交元素，我们就别想进入互联网的下一次迭代。人们希望在元宇宙上聚集在一起，培养人际关系，建立社区，就像在现实世界中一样。

当我们开始定义这些社区中人们熟悉的特征（如年龄、性别、背景、价值观等）以及元宇宙的新特征（如社区归属、数字钱包中的 NFT、访问过的虚拟空间、交友的化身风格等）时，部落主义就开始发挥作用了。我们可以在任何社区的核心找到一个共同的话题，正是这个话题将人们聚集在一起。那些希望进入元宇宙和参与其中的品牌和企业要想取得成功，就必须理解这一概念。当品牌理解了这一点，按照这些规则行事，与社区成员使用相同的语言，具有相同的价值观时，它们就会成为该社区的一部分。这样的互动比单纯的销售和广告信息轰炸更有意义。

阿迪达斯公司通过与无聊猿游艇俱乐部进行合作，向我们展示了如何很好地做到这一点。阿迪达斯了解这个社区的价值，并竭力遵守它们的规则和社会构建❶。该品牌购买了一些无聊猿游艇俱乐部的 NFT，并为它们的"猿"穿上阿迪达斯的服装，在它们周围创造了独特的角色。阿迪达斯没有把商业指令强加给社区，而是顺应潮流，加入了社区并与之建

---

❶ 由社会中的人们创造和接受的观念。——译者注

立了宝贵的联系。

20 年前，人们常说"内容为王"，让企业专注于吸引眼球和增加流量。10 年后，人们开始关注企业产品和服务的外观和感觉，以简化人们之间的互动，加快交易速度。就在那时，"体验为王"继位了。现在，随着元宇宙中新期望和社交需求的出现，部落主义开始建立在内容和体验之上，以满足人类内心深处的需求。正如法迪所说，在元宇宙中，"社区为王"。

✦ 社交部落在元宇宙中的力量

就像社会的其他部分一样，我们已经在元宇宙中看到了围绕体育运动聚集的人群，围绕名人聚集的人群，以及围绕活动和音乐聚集的人群。对于那些注意到这一动向，并在其中建立强大影响力（尤其是在元宇宙发展的早期阶段）的品牌和企业来说，或将迎来巨大的机遇。

✦ 案例研究：从开放麦克风❶到投资

一个 16 岁的女孩成功获得了 2000 万美元的投资，建立

---

❶ 一种业余表演活动，通常在喜剧俱乐部等场所举行，业余人士可以在没有预先试镜的情况下进行表演。——译者注

了一个给人们提供社区空间的企业，大家可以在社区空间表演自己的音乐，在罗布乐思上分享自己的艺术。刚开始的时候，她创建了自己的虚拟身份——一个名为"基亚"（Kia）的化身，并通过化身在罗布乐思上演奏电子音乐。她开始积累粉丝，并由此开始举办活动，这样她和粉丝们就都能在这个虚拟世界里表演音乐。仅仅通过不断地举办这些活动和访问这些虚拟空间，她就拥有了一批追随者，并建立了一个30万人的社区，这使她能够将演奏这一爱好和社区转化为一个价值数百万美元的企业。

另一个很好的例子来自加里·维塔（Gary Whitta），他是一位著名的视频游戏编剧，曾经担任《电脑玩家》（*PC Gamer*）杂志英国版和美国版的编辑。在新冠疫情期间，他创建了自己的脱口秀节目《动物谈话》（*Animal Talking*）。该节目完全通过他在《集合啦！动物森友会》（*Animal Crossing: New Horizons*）游戏世界中搭建的脱口秀场景进行现场直播，并通过 Twitch 进行直播，同时也将精彩片段发布到油管上。

脱口秀节目包括对嘉宾的访谈，嘉宾不仅谈论自己的生活，也谈论《集合啦！动物森友会》，还有现场音乐表演和单口相声。节目一共播出了两季，共26集，就取得了令人难以置信的成功。当节目播出第4集时，其观众人数已达12 000人；第10集共吸引了339 000名观众；第11集创下了该节目的最高纪录——同时在线观众达到了18 000人。加里·维塔做得最出色的一点是，他通过平台创造出了《集合啦！动物森友会》玩家们想看的内容，从而将他们聚集到了一起。

通过在《集合啦！动物森友会》中搭建的场景主持脱口秀节目，他让自己置身于这个空间中，表明他是《集合啦！动物森友会》社区的一员，他理解他们的价值观，这为他脱口秀节目的成功做出了重要贡献。

现实世界和虚拟世界融合的另一种方式是通过举办虚拟音乐会之类的活动。《堡垒之夜》一直在尝试这一概念，并在 2020 年通过特拉维斯·斯科特（Travis Scott）巡回演唱会将其推向了一个全新的高度。这位艺术家在平台上进行了 5 场演出，全部都是现场直播，每首歌都配有壮观的效果。有 1230 万人观看了他在《堡垒之夜》的演出。而在现实生活中，你很难见到有这么多观众观看的演唱会。

这恰恰说明了利用现有平台上（或游戏内）已拥有的受众所能达到的效果。《堡垒之夜》的玩家并不是来参加音乐会的，但是，一旦举办类似的活动，消息就会迅速传播开来，人们就会涌向平台一探究竟——就像当你发现当地公园有免费或即兴演出时，你会前往那里一样。

✦ 部落主义在元宇宙中的阴暗面

我们必须意识到，这些平台存在一个非常真实的危险，即它们可以被用来影响和教唆人们加入那些充满仇恨、在现实社会中不被接受的社区。这就是为什么平台必须对任何形式的仇恨言论保持警惕，政府也必须制定相关法规来预防和应对此类情况。

在一些早期的元宇宙平台上已经出现过这样的例子，比如罗布乐思上新纳粹主义分子和法西斯主义团体的兴起。在一个场景中，一群青少年创建了一款以罗马为灵感的游戏，该游戏的纳粹思想和法西斯主义色彩日益浓厚，并吸引了成千上万的玩家，直到 2015 年这个团体才被平台删除。这尤其令人担忧，因为通常在罗布乐思上参与和玩耍的都是年轻人，他们很容易受到环境的影响。

这将是一个非常广阔的空间，要监督好在元宇宙中发生的事情并非易事，因此我们现在就要考虑如何对这些虚拟环境进行审核和巡查，以防止类似在罗布乐思中发生的事件在其他地方重演。那些正在创建平台（这些平台将成为元宇宙的一部分）的公司，需要建立自动化系统来实施这种审核。

尽管各国政府需要为元宇宙建立综合治理机制，但在元宇宙中开展业务的组织不能坐等制度出台。他们需要负起责任，现在就行动起来，向那些散布仇恨言论和假新闻的社区成员发出一条强烈的信息：元宇宙中没有他们的容身之地。

当然，这一论点与有关言论自由的问题相重叠，但重要的是要注意，特定话题不应属于言论自由的范畴，尤其是在虚拟环境中，因为那里的回音室实在过于庞大，那里的受众太容易受到环境的影响。例如，我们需要对儿童色情、家庭暴力、仇恨言论甚至现代数字奴隶制等话题施加一些限制，以限制极端主义意识形态在这些平台上的传播。

我们必须确保有一套制衡机制，防止边缘团体 ❶（fringe group）传播仇恨言论，以及不具包容性与和平性的政治信息。如果我们不这样做，这些平台就有可能成为那些具有极端和潜在危险理想的人教唆和招募追随者的地方。

✦ 感官安全

元宇宙不仅是一个通过手机或电脑浏览器访问的平台，它还有可能成为一个完全沉浸式的环境，这意味着你的所有感官都将参与其中。如果你在元宇宙中访问某个地方时受到骚扰，你的情绪有可能很快变得非常激动，因为你的所有感官（从空间感知到视觉、听觉甚至触觉）都在这个空间中。元宇宙与社交媒体不同，你不能仅仅把威胁性的帖子快速滚动过去就算完事了。你身临其境，置身其中！

这意味着，如果你在这个沉浸式的虚拟世界中受到骚扰，那将是非常可怕的经历。

"我九岁和六岁的孩子开始接触罗布乐思，他们都有自己喜欢玩的游戏。有一天，我儿子看到一个游戏广告，重点介

---

❶ 指在社会、政治或宗教领域中，观点、信仰或行为与主流社会相悖的小型团体。——译者注

绍一张相当恐怖的脸。这个特别游戏的概念是，你必须从那个恐怖的人身边跑开，以免被他们抱住。要知道，我儿子只是看了广告，并没有玩这个游戏，但他被吓坏了。从此，他不仅不想再进入罗布乐思，甚至不想再玩 iPad。你不能低估这些经历对各个年龄段的人所产生的影响。"——法迪

法迪分享的关于他儿子的案例并不涉及任何人的不当行为，只是孩子被平台上发布的内容吓到了。然而，在虚拟环境中也曾发生过人们受到人身恐吓和惊吓的事件。

元公司已经注意到这类事件，并在其平台上实施了一项功能，防止其他化身侵入你的个人空间。就算允许他们进入，化身的手也会消失，以此来解决骚扰问题。就像《魔兽世界》中的玩家对玩家（PvP）战斗一样，这个功能让你有机会选择与谁进行互动。

目前，化身背后的匿名功能可能会使一些用户胆大妄为，实施他们在现实世界或实名网络身份时绝不会进行的行动。不过，总会有一种方法可以追踪每个人的数字身份，希望这将对那些考虑在元宇宙中以不当或威胁方式对待他人的人起到更大的威慑作用。

目前，罗布乐思是拥有行为监管机制并允许人们举报不当行为较好的平台之一。玩家还可以通过投票来阻止其他人进入特定空间。我们还有很多的时间和很大空间来进步，并找到最合适的方法来审核其虚拟环境。

✦ 虚拟现实和负责任的沉浸式体验

虚拟现实是即将在元宇宙中得到广泛使用的技术之一，也是在撰写本书时我们可用的最具沉浸感的技术之一。沉浸感越强，体验就越接近现实。但这可能是好事，也可能是坏事。

研究表明，虚拟现实可以作为治疗创伤后应激障碍（PTSD）非常有效的一种治疗方式，它可以让人们在安全的环境中重温一段经历，以帮助患者认识到这段经历并不像他们想象的那样可怕。同样的技术也可以用来帮助人们克服恐惧症，无论他们是有飞行恐惧症还是蜘蛛恐惧症，通过在安全的环境中接触这些情境，人们会建立起一条神经通路❶（neural pathway），帮助他们摆脱焦虑和压力。这种神经通路在虚拟现实环境中得到强化，然后也可以在现实世界中得到应用。

尽管虚拟现实可以用来帮助人们，但它也可能被用于更阴暗的目的。鉴于虚拟现实技术的发展速度，我们需要特别注意这种阴暗面，并意识到虚拟现实可能产生的影响。现在，基础的虚拟现实头显可以让你在虚拟世界中获得空间意识、声音和视觉。从 2022 年起，嵌入了眼球追踪技术的头显将会面世（首批头显将由元公司和索尼公司推出）。这些头显不仅

---

❶　身体内传递电信号的一系列相连的神经。——译者注

能追踪你的视线，还能追踪你的瞳孔扩张和大量其他生物识别数据。因此，获得这些数据的人可以调节体验，在你看到的内容中灌输特定的情感信息。这很有可能在未来被用于广告目的，或者可能被滥用于传播政治信息，因为，这些政治信息是以用户对视听刺激的情绪反应为基础的。

我们知道，长期以来，恐惧一直是政治竞选中用来鼓励选民选择某个人或政党的最强大的情绪之一。天知道，如果一些在竞选活动中专注于传递恐惧信息的政治领导人在元宇宙中通过虚拟现实分享这些信息，会产生什么样的效果。重要的是要意识到，这项技术可能对人们的生活产生的破坏性影响。

这些沉浸式体验让人觉得如此真实，并引起极度强烈的感受，因此我们需要对此保持警觉。

"我在虚拟现实中最震撼的体验之一是模拟原子弹爆炸。你会看到三维核爆炸在你眼前重现。你会看到冲击波在你周围产生的影响，树木在摇晃，周围的一切都着火了。当我在虚拟现实中体验到这一切时，我起了一身鸡皮疙瘩，这是我一生中最震撼的经历之一。"——尼克

在特定的情境下，原子弹爆炸体验可以很好地促进教育和提高认识，虚拟现实的情感冲击要比我们迄今所能接触到的任何媒体都要强大得多。用该媒介来提高每个人对核袭击

后果的认识，显然是不合适的。有些人可能将其视为一种启迪性体验，而其他人则可能觉得它令人紧张和害怕。我们需要考虑的是，那些在元宇宙平台上提供虚拟现实内容的人如何向用户传达体验强度，以帮助他们首先决定是否要参与这种体验。

我们有一套电影和游戏分级系统，帮助我们决定哪些内容适合自己，哪些内容适合孩子。也许元宇宙中的部分场所也应该有类似的分级制度，以帮助用户根据自己在 3D 沉浸式环境中的承受能力来选择去什么地方。

首先，平台有责任保护其用户，这些都是平台开发者需要考虑的问题。政府也需要进行某种形式的监管，因为这可能会产生许多灰色地带。

想象一下，一个 14 岁的女孩进入了元宇宙中的虚拟酒吧，并开始在这个虚拟环境中饮酒，这实质上让她在年幼时就接触到了饮酒的概念。谁该为这一违规行为负责？是那个去酒吧的女孩吗（尽管她知道自己还未成年，不允许进入那个环境，但还是进去了）？是酒吧老板吗？是首先允许她进入酒吧的平台吗？还是制定规则的政府？

那么，像元宇宙这样的全球网络环境所面临的挑战，就变成了哪个政府在这里拥有管辖权的问题。是女孩所在国家的政府、酒吧老板所在国家的政府，还是平台所在国家的政府？事情很快就会变得非常混乱。一个无法回避的事实是，各国政府必须在某一阶段发挥作用，由于元宇宙的全球性质，我们必须考虑各国政府如何就此类问题达成全球共识。

然而，目前的挑战在于，元宇宙及其背后的技术都是新生事物，许多国家的政府甚至还没有考虑到为这个新兴的平台制定规则。因此，在元宇宙中构建和运营平台的公司，有义务设计一切，并考虑这些潜在的问题。平台、技术提供商、供应商、系统集成商和咨询机构都应如此行事。我们都需要以负责任和包容的方式设计规则，同时始终考虑我们所构建的一切可能对社会产生的影响。

我们不能再像 21 世纪初那样，因为觉得技术和想法很酷，就把它们推向世界。我们已经看到某些社交媒体平台是如何使世界两极分化的，甚至由于缺乏任何有意义的监督或监管而被政府和其他人利用。我们绝不允许这种情况再次发生。

✦ 元宇宙中的数据伦理

在这个行业中的运营方有道德责任对元宇宙进行适当监管，避免出现如剑桥分析公司那样的丑闻。这不仅是对平台本身负责，也是对人们的数据负责，确保数据得到正确的使用。

元宇宙不仅具有令人难以置信的沉浸感，而且在所有现有媒体中，最有可能以非常深入和亲密的方式对用户进行剖析。以元宇宙用户为目标的海量数据采集是一个重大威胁，我们现在就需要考虑并减轻这一威胁。

使用增强现实、虚拟现实和其他沉浸式技术收集到的数据数组是海量的。这些数据数组不仅包括人们所说的话，还包括他们说话的方式，以及眼神注视、面部表情、瞳孔扩张、空间移动、身体姿势等生物识别数据。在元宇宙中，可以收集到人们的数百万个隐私数据点。当这些隐私数据点与技术相结合时，就有可能产生可信的虚拟化身，他们可以与你交谈，并说服你做他们想让你做的任何事，因为他们对你太了解了。

在 2022 年，当我们看到一个广告，然后点击了它，公司就会根据我们的在线浏览行为对我们进行个人画像，以便向我们提供我们会感兴趣的广告。这些公司知道我们是在寻找汽车、房子，还是在考虑购买新的合成器。它们之所以知道这些，是因为它们会跟踪我们的互动，倾听我们说的话，并为我们建立了个人档案。试想一下，如果这些公司确切地知道是什么触发了你的某种情绪，那么它们对你的控制力将会有多大？从鼓励你购买特定的产品到让你相信特定的政治信息，这些数据可以通过多种方式被利用。我们需要制定保障措施，确保这种事情不会在元宇宙中发生。

为了避免元宇宙将来出现这种可怕的局面，我们需要采取三个主要的保障措施。

- 对公司在元宇宙中进行的个人画像类型加以限制。

- 防止公司对用户进行任何类型的情感分析。

- 防止将存储的生物识别数据用于任何广告或与健康无关的目的。

路易斯·罗森伯格（Louis Rosenberg）是 Unanimous AI 公司的技术先驱、首席执行官和首席科学家，他一直呼吁在整个元宇宙中实施这三大规则。他被认为是增强现实的发明者之一，也是人工智能行业的泰斗，这让他对这项技术不仅如何用于正道，而且如何被操纵或武器化，从而损害我们所有人的利益有了深刻的理解。

✦ 社区在元宇宙中的影响

我们还必须考虑在元宇宙中建立或加入的社区或部落，会如何影响我们自己和他人。在在线空间中，希望融入部落的观念并没有消失。因此，如果元宇宙社区中其他人的化身都穿着古驰（Gucci），你很可能也想这么干。这种社会的盲从并不是什么新鲜事。

我们也必须注意现实世界中的阶级机制在元宇宙中的复制。如果把元宇宙看成是社会的复制品，关于财富创造的所有规则都是一样的，那么很容易发现这只会让富人更富。例如，截至 2022 年 4 月，无聊猿游艇俱乐部的 NFT 创下了平均售价 308 497.23 美元的历史新高。随着元宇宙的演进，我们将看到越来越多的使用案例和机会出现。

我们在现实世界中拥有的是中心化经济，而元宇宙提供的是去中心化经济。在中心化经济中，如果你有一个产品创意，就需要资金来开发和制造产品。而在元宇宙，情况就大不相同了。你可以用数字化方式完成一切，这样更简单、更快捷，而且无需大量资本支出就能进行大规模生产。

这样一来，全球范围内的财富或将被重新分配，因为世界上最富裕国家的实体经济所占用的部分资金可以用在人们生活水平较低的地方。在元宇宙中创造产品或赚钱时，你的物理位置并不重要。例如，我们看到菲律宾有大把大把的人通过玩加密货币游戏赚了钱。随着元宇宙的扩张，这种财富再分配还将继续进行下去。我们正在寻找一种全新的赚钱和做生意的模式。

✦ 现实的意义是什么

想想我们现在的现实。在这个世界上，如果你把手机落在家里，你可能会感到焦虑，想回家去拿。如果你的手机坏了或被盗了，你可能会感到与世隔绝，现实变得不那么丰富多彩了。你的超能力好像被夺走了一样——突然之间，你再也不能叫出租车，给朋友发信息，给亲人打电话或临时参加工作会议了。未来，拥有和不拥有技术之间的区别将变得更加明显。

一旦智能眼镜变得无处不在，如果你丢了智能眼镜或者没有智能眼镜，你不仅会像丢了手机一样与世隔绝，而且还会错过其他人周围丰富的现实生活，因为戴智能眼镜的人会看到没戴智能眼镜的人根本无法看到的东西。戴上智能眼镜的人将生活在更丰富的现实中，无论我们说的是他们接收信息的方式，还是他们接触的娱乐内容，甚至是交流方式。围绕这一点，有许多哲学论证，大卫·J.查尔默斯（David J. Chalmers）的《现实＋》（Reality+）一书对此有很详细的论述。

我们必须意识到，我们可能会在拥有智能眼镜和没有智能眼镜的人之间造成巨大的数字鸿沟❶（digital divide）。未来虚拟世界和虚拟资产可能将与物理世界和实物资产一样真实。因此，无法进入虚拟世界的人的生活，可能不会那么丰富多彩。

正如我们所知，我们感知世界和现实的方式将在未来 20 年内发生巨大变化。现在，我们还不知道所有这些问题的答案，也不知道我们对世界和现实的感知会发生怎样的变化。就像柏拉图（Plato）的洞穴之喻（Allegory of the Cave）——我们仍然处于黑暗之中。我们深陷洞穴，只能看到洞穴外的影子。现在，这些影子是洞穴外的世界，我们在洞穴里使用智能眼镜访问元宇宙，并在元宇宙和现实世界之间移动；但是，当我们真正走出洞穴时，可能看上去会与我们现在的想象有所不同。

回到在元宇宙中进行财富再分配和一切皆有可能的想法，我们还必须考虑这可能对社区产生的负面影响。在元宇宙中，

---

❶ 拥有计算机和网络访问权限与没有这些条件的人之间的经济、教育和社会不平等现象。——译者注

我们有可能拥有一些在现实世界中永远无法拥有的象征身份
的资产，如古驰包或兰博基尼（Lamborghini）跑车。在元宇
宙中，这些象征身份的资产可能只需要几美元。然而，如果
我们习惯于一切皆有可能的想法（这对年轻一代来说可能是
一个特别的挑战），我们在元宇宙中看到和体验到的宝贵资产
在我们的头脑中贬值，我们就会在人们习惯于在元宇宙中拥
有和做的事情，与他们在现实世界中拥有和做的事情之间制
造冲突。

　　我们在虚拟环境中的行为可能与在现实世界中的行为
有所不同。那么，随着我们在虚拟环境中度过的时间越来
越长，哪些行为会变得更加普遍呢？如果你的行为在现实
世界中不被社会接受，但在元宇宙中被接受，那么你会把
这种行为带到物理世界中吗？人们与化身打交道和互动的
方式，和与现实世界的人打交道和互动的方式相比，会有
所不同吗？我们在现实世界中习惯的社会规范在虚拟世界
中是否会有所不同？这对我们在现实世界和虚拟世界中的
行为意味着什么呢？

　　在虚拟世界中，我们可以拥有多个化身，具有多重身份
或个性，这样，我们就可以根据自己的身份扮演不同的角色，
做出不同的行为。然而，这可能会导致我们不确定在现实世
界中应该承担和使用哪种身份。如果你看看当今世界的社交
媒体，你就会发现我们在不同的平台上有不同的形象。我们
在领英（LinkedIn）上的形象与在脸书上的形象不同，在照片

墙上展示的形象与在抖音上展示的形象也不同。

我们所处的社会环境决定了我们的行为。这种情况在现实世界中也存在——我们与朋友相处的方式与我们与同事相处的方式是不同的。然而，在沉浸式的环境中，我们有机会在不同的情形下拥有不同的化身和身份，这可能会变得更加明显，也会影响我们形象的发展方式，尤其是如果我们从小就使用这种技术的话。

✦ 元宇宙中的犯罪

当然，这也引发了许多其他方面的争论，比如如何对待元宇宙中的犯罪，元宇宙中的犯罪是否与现实世界中的犯罪要得到同样的处理？这是一个广泛的话题，也是一个需要考虑的重要问题，尤其是与元宇宙伦理有关的问题。

目前，在国际法律框架下，如果在互联网上实施犯罪，当事人将由其居住国当局进行审判，即由其访问互联网的国家当局进行审判。因此，如果我在西班牙上网，并在网上犯罪，我将根据西班牙法律受到指控和起诉。就目前的情况来看，这些规则在元宇宙中也同样适用。根据国际法，特定平台也有义务举报某些犯罪，例如剥削儿童（child exploitation）。在这种情况下，如果平台发现了剥削儿童的证据，或者有用户向它们举报，它们就有义务向地方当局举报，同样也是根据犯罪用户的居住地进行举报。

这很有可能成为元宇宙平台今后采用的标准模式。每个平台都需要制定自己的监管标准、规则以及条款与条件（T&C），规定如何以及何时向地方当局报告事件或犯罪。事实上，目前正在运营的元宇宙平台有机会创建一个黄金标准（gold standard），以便让后续出现的平台效仿。

我们看到有证据表明，各国政府正在寻求对社交媒体平台实施更加严格的监管措施，这自然而然也会转移到元宇宙领域。2022 年 4 月，欧盟就其具有里程碑意义的《数字服务法案》（Digital Services Act）达成一致，该法案要求在线平台对其网站上发布的任何非法或有害内容负责，即使这些内容是由用户生成的。平台可能因未能解决仇恨言论、虚假信息和假新闻传播以及假冒伪劣产品销售等问题而面临巨额罚款。制定该法案是为了约束全球的社交媒体巨头，它对推动元宇宙平台的监管同样适用，甚至可以说更为重要。

✦ 凡事都有好的一面

就像每种媒体一样，不可能把所有坏的一面消除，只留好的一面，总会有人恶意利用它。虽然我们无法阻止这种情况的发生，但我们能做的是，通过让那些加入元宇宙并在元宇宙中进行互动的人意识到潜在滥用的危险，同时以安全可靠的方式设计这些环境，从而降低这种情况发生并造成影响的可能性。

本书还希望成为元宇宙的伦理和商业指南，因为这种虚拟环境不仅是为了在赚钱的同时享受乐趣，它还有可能成为极具颠覆性的技术，这意味着它有可能被操纵，甚至被武器化。本书的目的之一就是确保我们能够就如何避免元宇宙被恶意利用进行对话，从而确保我们能够享受这个全新虚拟世界提供的所有绝佳机会。

元宇宙将赋予我们自由表达自我的能力，我们所有人都有机会加入我们关心的各种社区，并在这些社区中发挥影响力。它将为我们共同创造和设计下一代产品或服务提供新的机会，所有这些产品或服务都将为我们的数字自我❶带来提升和增值。这将增强我们在虚拟世界和现实世界中的能力。

举一个简短的例子，说明这将如何对我们的生活产生积极的影响。美国一档名为《另我空间》（*Alter Ego*）的电视选秀节目，为那些不符合经典审美观念、身患残疾、不再年轻或害怕站在众人面前的艺术家，提供了使用 3D 数字化身和全套动作捕捉装备进行表演的可能性。这意味着上台表演的不是他们自己，而是他们自己创造的一个化身，一个代表他们并代表他们上台表演的化身。这不是取代自己，而是增强了自己的能力。

为了实现真正的包容性，在设计这些数字世界时必须要

---

❶ 指个人在数字世界中的存在和表现，包括社交媒体上的个人资料、数字足迹、在线行为等。——译者注

为残疾人考虑。我们必须考虑可以使用哪项替代技术来满足身体残疾人士的需求。例如，如何使用虚拟手部追踪技术来帮助肢体残缺的人？对于那些有视觉或听力障碍的人来说，元宇宙将如何进行适配？这些都是我们现在需要思考的问题，这样我们才能确保创建一个真正无障碍的元宇宙。

元宇宙有可能成为一个令人难以置信的工具，但我们必须注意它可能在社会中造成的分裂，并探索如何减少或消除这些分裂，这样我们才能创建一个包容、符合伦理、负责任的元宇宙，让大家一起来享受这种超级力量带给我们的全新感受。

本章撰稿人：法迪·切希米（Fadi Chehimi）

法迪自 2004 年以来一直从事沉浸式体验领域的工作，当时他为移动混合现实开发了新颖的概念，现在他是埃森哲元宇宙持续业务组全球消费者元宇宙产品的负责人。法迪在埃森哲建立元宇宙引领思想（thought leadership）和方法方面发挥了重要作用，他与时尚、电信、政府、银行、建筑和媒体等众多行业的客户合作，帮助它们在这一新的空间媒介中闯出一条成功的道路。法迪正为它们的品牌创作有意义的故事，为他们的业务设计战略价值主张，并确定最佳的技术解决方案。

法迪是沉浸式体验设计领域的思想领袖。他为扩展现实（XR）、3D 网络和元宇宙引入了一种新的设计思维，即从关注"用户"转为将用户视为空间体验的"参与者"。

第 **8** 章

对企业进入元宇宙的
战略方法的建议

元宇宙提供了一个以不同方式开展业务的机会。我们已经讨论了一个可以被描述为乌托邦的地方，即元宇宙中的经济是建立在人们在这个数字世界中创造和建设基础之上的。这当然也是企业可以参与其中并利用现有人才的一个领域，方法是向这些创作者提供知识产权，并允许他们利用这些知识产权在元宇宙中创造产品和服务。这个过程既可以自上而下，也可以自下而上，因此比当今物理世界的经济更具多样性。

我们发现，企业一直在寻找一个问题的答案，那就是"谁将统治元宇宙"？许多企业都在用看待科技行业领域的相同视角来看待元宇宙，在这些领域，有一两家大公司已经主导了一个领域，无论是社交媒体的元公司和 X，还是零售业的亚马逊和苹果。事实上，有迹象表明，元宇宙的发展与我们目前所知的科技经济将大相径庭。

去中心化元宇宙平台（如沙盒游戏和 Decentraland）可能会被一家大型科技巨头收购。许多早期采用这些平台并在其中购买"土地"的人，可能会抵制大型科技巨头买断这些平台的企图。此外，由于这些去中心化平台的所有者不止一个，因此一家大型科技企业要想乘虚而入并买断平台将变得更加困难。组成该社区的所有人都必须以个人身份同意将自己的"土地"卖给买家，而想让某个平台中的所有人达成某种共识，对于任何想走这条路的公司来说都是一个巨大的挑战。

在元宇宙中这些去中心化平台发展到这一阶段时，没有人知道如何才能使买断取得成功，目前这种情况尚未发生。一个略显简化但的确不错的方法是，把这些去中心化元宇宙平台想象成一栋公寓楼。如果这栋楼里有 20 套公寓，每套公寓都归不同的人所有，那么想要购买整栋楼的人就需要征得每个业主的同意。同样，关于如何管理公共空间或维护大楼的任何决定，都需要征得全体业主的同意。

去中心化元宇宙平台的情况也类似，目前仍在讨论如何对这些平台进行监管，以及平台内的"土地"所有者如何管理这些平台。另一个尚待界定的关键问题，对于那些希望在这些平台上投资"土地"的企业来说尤为重要，那就是身份认证和所有权透明化的问题。

作为一家企业，了解去中心化元宇宙平台中的大多数"土地"所有者、股东或投票人背后是谁或是什么实体尤为重要。这有几个原因。首先是竞争因素，例如，如果一家大型跨国公司想购买一些"土地"，但这些"土地"属于这家跨国公司在市场上的主要竞争对手，这可能会困难重重。其次是确保不资助犯罪、恐怖主义或其他不道德的活动。企业（或个人）最不

愿意看到的情况是，在去中心化元宇宙平台上购买了"土地"，
却发现之前的所有者是毒枭或恐怖组织，而自己无意中资助了
他们的活动。

因此，元宇宙需要引入监管来保护每个人的名誉，让企
业和个人的行为符合道德规范，并防止洗钱或犯罪等活动，
这再次凸显了区块链技术的重要性。

在以稀缺性为模型的元宇宙平台中，"土地"的价值也存
在一些问题。这些平台目前表示有某某数量的"土地"，一旦
将其全部售出，就没有机会再建造更多的"土地"。这意味
着，如果企业或品牌现在不在这些平台上购买"土地"，就必
须从现有业主那里购买，这将使元宇宙的"土地"价值上升，
就像在现实世界中一样。

然而，迄今为止还没有人回答的问题是，当我们实现了
这些平台之间的互操作性，构成元宇宙的各个平台实现互联
互通时，会发生什么？在"土地"有限的元宇宙平台上，由
于我们作为用户可以非常方便地从一个平台到另一个平台，
以至于没有人能说清楚一个平台在哪里结束，另一个平台从
哪里开始，因此这些元宇宙平台的价值基本上会被稀释。

对于 NFT 以及未来如何管理它们还存在一些疑问，因为
尽管 NFT 是一种数字资产，但仍然需要将其存储在某个地方，
而获取存储服务是需要付费的。至于这笔费用是由出售 NFT
的公司支付，还是由购买 NFT 的人支付，目前尚不明确。如
果你为一个数字图像的 NFT 支付了 2000 万美元，而存储该数

字资产的云服务却过期了，那么留给你的只是一个损坏的链接，而且无法寻求追索权，目前，还没有相关法规对此做出规定。

在早期阶段，许多个人和企业都在元宇宙参与了购买狂潮，不论是购买元宇宙平台上的土地，还是购买与数字资产相关的 NFT。如果你是一家打算提供 NFT 的企业，那么明智的做法是考虑如何解决一系列问题，如支付存储费用，未来如何管理，以及如何与购买 NFT 的用户沟通有关这方面的细节。

✦ 元宇宙将对企业产生什么样的影响

元宇宙将对各种规模的企业产生巨大影响，但对小型、中型和大型跨国公司的影响各不相同。

对于大型跨国公司来说，最大的机遇来自它们能够接触到的受众规模。例如，埃马努埃莱二世拱廊街（Galleria Vittorio Emanuele II）是米兰著名的奢侈品购物街。据估计，在新冠疫情之前，这里每年吸引 2200 万名游客。但在元宇宙中，罗布乐思每天都能吸引 5000 万访客。品牌在元宇宙中接触到的人数远远超过任何实体场所。耐克就是一个进军元宇宙的品牌。2021 年 12 月中旬，耐克在罗布乐思开设了耐克乐园（NIKELAND），到 2022 年 3 月，访问量已接近 700 万人次。没有任何实体店能在如此短的时间内吸引如此多的人流，尤其是在新冠疫情之后。

也许有人会问，访问这些元宇宙商店的人，是否是品牌寻找的具有购买力的"合适"访客，这样想的人显然没有抓住重点。品牌需要研究如何最好地把这些访客转化为付费客户，是直接吸引在元宇宙中访问品牌的人群，还是鼓励年轻的元宇宙用户将他们的父母（拥有购买力）带到这些基于元宇宙的商店。

企业如何转型自然取决于其所处的行业和目前的运营模式。如果我们以一家大型消费品企业为例，就会发现元宇宙对其经营方式的影响有多大。

该行业的企业一直采用以产品为中心的经营模式，在这种经营模式下，企业生产饮料或食品，以常规的方式为产品做广告，并与零售商合作销售和分销产品。在元宇宙中，像这样的企业有机会从提供产品转向提供体验。要有效地做到这一点，企业需要研究其所售产品的核心，以便找到最合适的机会。例如，一家销售能量饮料的公司可以转型成为一个在线健康和健身平台；一家销售酒精饮料的公司可以建立一个在线酒吧，甚至提供约会服务；一家美容产品零售商可以成为一个美容沙龙，成为人们寻求建议和化妆教程的地方。

多年来，许多消费企业一直在尝试从销售产品向销售体验演进，但都没有成功。在许多情况下，他们过去曾试图走数字路线，却发现数字渠道根本不够强大。元宇宙与数字化不同，对它最好的描述就是数字化运营相当于让人们沿着一条实体街道走路，有了元宇宙，我们就打开了这些商店的大门，让消费者走进去，给他们带来全方位的体验。

我们都知道，虚拟橱窗购物是站在外面往里看，与进入实体店体验氛围、触摸产品是截然不同的——甚至连气味都不同。这就是元宇宙的优势所在，也是它能改变众多企业游戏规则的原因所在。

有机会在元宇宙中实现转型的不仅仅是消费品公司，即使是能源或电信这种提供基本服务的公司，也可以在元宇宙中开辟自己的利基市场。例如，一家能源公司可以创建一个有关绿色能源的平台，成为孩子们学习可持续发展知识的地方。这不仅是寻找一种销售产品或服务的新方式，也是你和你的企业成为行业灯塔的机会。这些机会无处不在——它们正等待着你在元宇宙的灰色地图上发现呢。

✦ 创意合作是未来趋势

企业还得抵制住诱惑，不要只考虑如何将现实世界中的做法转移到元宇宙中。如果你是一个时尚品牌，进军元宇宙不是不在实体 T 形台上举办时装秀，而是在元宇宙上举办这么简单。这样做固然很好，但你还需要考虑如何将消费者和时尚相关人员带到创意过程中来。

元宇宙中的行业可以向一个更加开源、协作的环境迈进。我们继续以时尚界为例。你可以邀请受众、买家和形象大使为创意过程出谋划策，你可以就使用的材料、融入的色彩甚至设计特点提出建议。

通过创意合作，已有产品可能继续发扬光大，从而放大和倍增每家公司拥有的产品。例如，一家时装公司可以为元宇宙推出一系列新的虚拟服装，每件服装都有自己的NFT，以创建该虚拟产品的所有权。现在想象一下，在条款和条件规定的范围内，如果允许这些NFT的所有者对虚拟服装进行调整，可能意味着你的产品会成倍增加，因为不同的人会以不同的方式对衣服进行调整。有些人可能只是简单地换一下颜色，有些人可能会在设计上进行小修小补——但突然之间，你的产品范围就扩大了。其中一些新产品甚至会进入现实世界的市场。

最终，这些产品会成为更为完善的产品，因为它更好。这种产品的收入不仅归创作者所有，也归公司所有，确保每个参与创造的人都能从中受益。

与我们迄今为止使用的系统不同，元宇宙拥有一系列工具（我们在第5章做过讨论），允许企业保护自己的知识产权和品牌。在NFT上附加某些条件非常容易，如果有人侵犯或违反这些条款和条件，企业就可以取消其对该资产的使用。

✦ 世界就是你的焦点小组

元宇宙还能让企业彻底改变开发和生产产品的方式。我们所说的是一种无需制造工厂的全数字化流程。在过去的世界里，企业内部的一个团队会提出新产品的设计方案，相互进行讨论，做出一些修改，然后将其提交给一个焦点小组。

而在元宇宙中，你可以在这一过程的更早阶段获得客户或潜在受众的意见，还不会产生巨额成本。你可以在元宇宙中创建任何产品的数字原型，其他人可以查看、移动，甚至有可能提出修改意见。传统的焦点小组和产品测试要求人们与他们测试的产品处于同一物理位置，而元宇宙与之不同，你可以在元宇宙中以虚拟方式完成所有这些工作，还可以让设计师或工程师与焦点小组的人进行交流，听取他们的想法。你可以在全球范围内有效地众包产品，同时保护你的知识产权，将风险降到最低。

"如果我有机会向任何一家大型汽车制造商提出建议的话，我一定会要求他们在车内开辟一个放置手提包的空间，因为我多年来一直把手提包放在地板上，我花了那么多钱买车，却没有合适的地方放包，这让我很恼火。在元宇宙中，我可以与汽车制造商的工程师合作，在汽车设计过程中为自己的包找到一个合适的位置。我们可以在数字模型上对我所提的建议进行测试，不断移动模型，直到找到解决方案。"——玛丽亚

同样，元宇宙也为不同国家和社区的人们建立联系提供

了无与伦比的好机会。例如，如果你想知道某项汽车功能是否适合日本女性，你很容易就能找到五位日本女性参加一个焦点小组，而无须耗资远赴日本，并在该国的实体场所举行会议。

✦ 延伸范围：中小型企业的关键机会

到目前为止，我们所讨论的元宇宙可能对企业产生的影响主要集中在大型跨国公司，元宇宙为小型企业提供的最大机会是延伸范围。

举例来说，如果你成立了一家销售新型饮料的企业，那么你的市场目前仅仅是社区。由于起步资金少，产品库存不足，你就会陷入一个两难境地：即你需要资金将业务扩展到社区以外的地方，但要获得资金，你就必须有一个更大的市场。在物理世界中，通过逐步赚钱、再投资于公司，并利用这些钱发展壮大企业，可能需要几十年的时间。

相比之下，在元宇宙中只需相对较少的投资，就能轻松取得成果和业务增长。如果你要在罗布乐思开展业务，平台上的 5000 万名用户就成为你的受众了。虽然你仍然需要一些投资才能起步，但你突然有机会进入一个更加广阔的市场，如果产品好的话，你的业务增长速度会比现实世界快得多。

不过，我们不建议小型或新兴品牌和企业在元宇宙中一开始就购买黄金地段的房地产。作为一个不知名的品牌，在元宇宙中开店并不是最明智的选择。但你可以利用元宇宙找到你在该空间内的理想受众，并围绕你的品牌建立一个强大的社区。这样，你就可以建立起自己的追随者队伍，找到喜爱你的人群，从而提升自己的影响力。这样做的话，更有可能吸引到投资。

✦ 社区和体验是在元宇宙中蓬勃发展的关键

并非所有企业都有一个"性感"的品牌，即使它们是大型的成功企业。也并非每家企业都能成为国际时尚品牌、流行运动品牌或史努比·狗狗（Snoop Dogg）。如果你是一家能源行业或银行业的公司，那么该如何利用元宇宙为自己带来优势呢？与在现实世界中一样，一种方法是赞助那些吸引广大年轻受众的活动或名流，如虚拟贾斯汀·比伯（Justin Bieber）或 Deadmau5❶演唱会，从而将企业名称附在这些活动或名流上。另一种方法是将自己的名字与有趣、引人入胜的体验联系起来，并利用这些体验创建一个社区。

想象一下，一家跨国银行创建了一个虚拟动物园，人们可以在那里了解各种不同的动物并喂养它们，帮助照顾它们。甚至可以让它们举办比赛，从而赚取虚拟货币。所有这些都

---

❶ 原名乔尔·托马斯·齐默曼（Joel Thomas Zimmerman），加拿大音乐制作人、DJ。——编者注

为你提供的体验增添了乐趣，并且社区能够围绕你的特定品牌创造出更多内容。当这个社区达到一定规模时，企业就能在元宇宙中蓬勃发展，并最终赚到钱。

企业必须要思考的问题是，人们想要什么样的体验？没有人愿意花时间在银行排队，因此模拟虚拟银行并不吸引人。但是去虚拟动物园听起来倒是个不错的选择。元宇宙中的产品可以是数字化的，也可以是体验式的，但要想取得成功，它们必须是人们想要体验或拥有的东西。

✦ 用增强现实描绘世界

增强现实有可能将世界上的任何表面都变成广告空间，或者无论消费者身在何处，都能向他们提供市场激活 [1]（marketing activation）活动，特别是可以根据他们的地理位置数据向他们展示内容。你可以随心所欲地描绘世界。谷歌和Niantic Labs [2]等公司已经绘制了相当精确的世界数字地图，因此增强现实可以真正展现自身价值。

利用这一数字地图，可以相对准确地将增强现实内容叠

---

[1] 一种营销策略，旨在通过各种推广活动和促销手段来吸引消费者，提高品牌知名度和销售额。——译者注

[2] 于 2015 年 8 月从谷歌脱离，成为一家独立游戏公司。同年 9 月，与任天堂共同发布了游戏《精灵宝可梦 GO》。——编者注

加到现实世界中，这可能会派上多种用场。例如，企业可以通过代币、硬币和优惠来引导人们进行游戏化体验，顾客可以在特定地点把这些代币、硬币和优惠兑换成现金。企业可以在世界各地的战略要地放置这些收藏品。如果将收藏品放置在与公司和体验地址连通的销售点附近，效果会更好。

你还可以引入触发条件，鼓励消费者在那个地方消费这些积分或代币，或使用他们的优惠。例如，你可以为收集代币的消费者提供 20% 的产品折扣，但如果他们在接下来的 15 分钟内购买，则可获得 30% 的折扣。然后，增强现实内容可以将他们引向最近的销售点，进一步鼓励他们做出购买决定。

这只是一个例子，说明增强现实技术不仅可以增加自然人流，还可以为消费者创造一种到特定地点消费的紧迫感。增强现实的应用有很多，从餐厅可以向沿街路过的人群展示顾客的评论和评分，到玩融合了数字世界和现实世界的游戏。

《精灵宝可梦 GO》（*Pokémon GO*）是一个很好的例子，特别展示了随着增强现实技术的进步，游戏是如何演进的。当《精灵宝可梦 GO》启动时，你会看到你的精灵宝可梦出现在手机屏幕上，有点像贴在现实世界上的贴纸。然而现在，我们拥有了关于世界的所有 3D 数据，意味着数据可以与环境进行互动。你的精灵宝可梦不再只是漂浮在手机屏幕上，而是可以隐藏在真实世界的物体后面，比如树木后面。要想看到这个角色，唯一的办法就是在树周围移动。想象一下，当你在公园里追逐皮卡丘（Pikachu）或杰尼龟（Squirtle）时，看到这些角色从树篱后面或长椅下面探出头来，会是多么有趣啊！使用这种混合现实方法（数字对象与用户周围真实世界的拓扑结构进行自然交互，而不仅仅是叠加在用户的视野中）来创建内容，同时结合遮挡效果（当在数字对象与用户之间放置任何物理对象时，数字对象会被自然遮挡），从而大大增加了这些数字对象的逼真感和存在感。

这也意味着，在为你的企业创建增强现实体验时，你可以利用新的交互机制。例如，如果你鼓励人们通过参与有趣的寻宝活动来收集硬币的话，你就可以将硬币隐藏在现实世界的物体后面。

迄今为止，我们体验的许多增强现实技术都是通过安装在移动设备上的应用程序实现的，但一些公司最近开发出了通过移动网络浏览器提供增强现实体验的方法，无须安装应用程序，从而极大地减少了使用增强现实内容的阻力。例如，最近被 Niantic Labs 收购的一家名为 8th Wall 的公司，就开发出了一种通过移动网络浏览器提供增强现实内容的方法，用户可以实时下载内容并叠加在其手机摄像头视图上。这意味着你点击广告后，就会在手机上获得丰富的增强现实内容。当增强现实眼镜将来得到更为广泛的应用时，这些内容就会显示在你的视野之上。

增强现实已经被用来推广电视节目和电影。看看《权力的游戏》（*Game of Thrones*）在 2019 年是如何利用色拉布的 Landmarker 增强现实镜头让一条巨龙降落在纽约熨斗大厦

（Flatiron building）楼顶的，该推广活动与《权力的游戏》第八季首映同时推出。

目前阻碍增强现实征服世界的是用户体验，因为我们仍然需要手机等手持设备来观看增强现实内容，所以用户体验还远远没有达到最佳状态。增强现实眼镜将大大改善用户体验——当新一波增强现实眼镜发布时，我们将看到消费者和企业会大规模采用增强现实技术。

✦ 品牌与加密货币的关联

按照加密货币目前的运作方式，品牌有能力利用自己的品牌提供基础价值，凭空印钞。以下是其工作原理。想象一下这样一个场景：一个奢侈品牌决定创建一种带有其品牌标识的加密货币，允许用户使用这种数字货币购买该品牌的产品和服务。如果一个知名奢侈品牌宣布推出加密货币，每枚币的初始价值为 0.05 美元，你认为会有多少人抢着购买呢？肯定会有足够多的人购买。随着越来越多的人购买这些品牌币，它们的价值也会随之增加。这会为消费者和品牌带来什么好处呢？首先，品牌可以向使用其品牌加密货币购买产品的消费者提供折扣或奖励。其次，品牌可以创造一种产品，仅提供给使用品牌加密货币支付的消费者。

除了为品牌吸引消费者，这对企业还有一个好处。由于整个交易过程都是数字化的，而且是在品牌内部进行，因此这些交易无须支付任何费用。人们将直接向品牌支付购买加密货币的费用，随着加密货币价值的上涨，品牌将从消费者的每笔购买中获得更多资金。这是品牌此刻在数字世界中利用其品牌价值的众多机会之一。这意味着可以进行实验，尝试一些非常有趣的事情。

当然，这些机会抓得越早，一旦失败，风险就越大，但一旦成功，回报也越高。只要你有策略并在知情的情况下抓住这些机会，那么对于企业来说，这是一个非常令人兴奋的参与时机。

✦ 元宇宙创业指南

在进入元宇宙之前，你首先要知道你的目标受众是谁。你还要清楚你进入元宇宙想达到什么目的——你是想把那些有可能成为直接客户的人聚集起来，还是只想提高品牌知名度？例如，罗布乐思上的许多用户都是儿童和青少年。他们现在可能不会使用你的产品或服务，但通过在罗布乐思上的展示，你可以向他们介绍你的品牌，鼓励他们将来使用你的产品或服务。

如果你的目标是第一种，即立即吸引客户，那么关键是要确保你在元宇宙中提供的体验包含尽可能多的产品信息。你还可以考虑在实体产品中附加元宇宙提供的数字产品或数字服务。

如果你的目标是第二种，那么必须让消费者与你的品牌之间的任何互动都尽可能有趣。你要让使用这一平台的年轻人把你的品牌名称与你的服务联系起来，同时也与愉快和享受的积极情感联系在一起。例如，如果你是一家全球性银行，你可以赞助贾斯汀·比伯的一场演唱会，并在舞台上方展示银行标识。如果参加演唱会的年轻人已经到了开立银行账户的年龄，他们就会看到这家银行的品牌，并建立起积极的关联，因此他们选择该银行的可能性比选择其他竞争对手银行的概率要高得多。

✦ 什么时候进入元宇宙最合适

对这个问题的最佳回答是"昨天"！当然，答案远不止于此。我们认为，进入元宇宙的合适时间是越快越好，前提是你必须以正确的方式对待元宇宙，做正确的事。现在，这就成了一个稍微有点难以回答的问题，因为做正确的事取决于你要销售什么以及你的目标是什么。

回答以下问题有助于缩小范围，确定应该关注的方向。

● 你进入元宇宙是为了赚钱吗？

● 你进入元宇宙是想获得知名度，三年后再考虑赚钱吗？

● 你进入元宇宙是想吸引目前还未被你吸引的那部分消费者吗？

● 你进入元宇宙是想以快速、协作和迭代的方式测试新产品和服务吗？

第一步：确保目标清晰明了

最糟糕的事情莫过于，一家公司进入元宇宙后，以为自己会一鸣惊人，结果却没有赚到钱，让人大失所望。如果你不打算赚钱，那就不足为怪了！

第二步：了解测试内容

如果你决定用元宇宙进行一项测试，你需要制定一个策略。如果你进入元宇宙是为了吸引 13 岁至 17 岁的年轻人群体，那么投放售价 20 000 美元的 NFT 就毫无意义，因为这个年龄段的人没有那么多钱。你必须从战略角度考虑如何实现自己的目标。

第三步：把握合适时机

虽然我们认为企业进入元宇宙宜早不宜迟，但这也取决于你的目标人群。例如，如果你的目标人群是 60 岁的老人，你可能需要等待一段时间，因为他们不一定会在短期内使用这个平台。

第四步：研究元宇宙中的不同参与者

元宇宙由许多不同的平台组成，因此你需要决定哪个平台最适合你的品牌，哪个平台能最有效地帮助你实现目标。在撰写本书时，罗布乐思是最大的元宇宙平台之一，每天有 5000 万名用户，而 Decentraland 平台每天约有 1.8 万名用户。这意味着，你可能需要静观其变，看看哪个平台能快速崛起并能为你的品牌和业务带来最强劲的机遇。

第五步：让你的战略与品牌信息和使命保持一致

无论你在元宇宙中采取什么战略，都必须与你在物理世界中采用的战略保持一致。耐克就是一个很好的例子，它向我们展示了这样做是如何行得通的。通过在元宇宙中创建耐克乐园，该品牌正在开辟自己的空间。同样，在现实世界中，耐克也不断地从其他零售商那里撤下其产品，只在自营店里出售。这一总体战略（overall strategy）能否为品牌带来成效尚需时间验证，但目前跨媒介保持一致肯定会带来益处。耐克发出的信息是：它就在那里，但你必须去它那里。

古驰则采取了另一种方法，它首先在元宇宙中采用了我们称之为"细粒度战略"的方法。古驰并没有立即建立自己的"王国"，而是决定先让其产品遍及元宇宙中任何一个奢侈品专区。直到最近，古驰才在罗布乐思上开设了自己的"古驰花园"（Gucci Garden），就像耐克在耐克乐园里所做的那样展示其产品。

如果你的品牌信息都是关于玩乐享受的，那么将其与元宇宙中的音乐活动或派对联系起来很有意义。当你考虑在元宇宙中开展和扩大业务的各种策略时，请确保始终坚持现有的品牌使命和信息。

✦ 我们仍在探索元宇宙

我们在第 2 章讨论了数字基元的概念，并解释了元宇宙的许多使用案例还有待开发。我们正处于灰色地图的边缘，对于其他风景还一无所知，要想把风景尽收眼底，唯一的办法就是开始探索。

作为希望进入这一领域的企业，重要的是要认识到，我们仍然不知道未来最成功的使用案例是哪个（哪些）。我们已经看到一些使用案例比其他使用案例更加成功，例如，通过NFT出售的艺术品或数字产品，我们对可能发生的事情只是浅尝辄止。我预计，要真正看到颠覆性使用案例的诞生，可能还得再等五年（也许十年）时间。

也就是说，任何现在就开始研究元宇宙潜在的新使用案例的公司，都比等待观望的企业更具优势，因为现在就拥抱元宇宙的公司将有机会优先探索和了解这项技术，从而能够识别、创建和设计这些变革性使用案例。看看Tinder吧，它已成为约会应用程序中创新的代名词。然而，在Tinder于2012年推出之前，没有人会预料到这种使用案例——在陌生人的照片上左右滑动，找到与自己匹配甚至可以约会的人，这完全是一个陌生的概念——而现在，很多人都通过它来结识自己的伴侣。

我们仍在拭目以待，看看元宇宙会有哪些涌现使用案例。Tinder是如此的创意十足，以至于创造了一种新的应用程序类型。我们将看到元宇宙中还会出现类似情况，公司创造出的使用案例创意十足、独一无二，以至于变成自己的流派。我们已经在电子游戏领域看到了类似的创新模式，《毁灭战士》(*Doom*)创造了第一人称射击游戏,《网络创世纪》创造了大型多人在线角色扮演游戏的类型。问题是,所有这些创新都始于那些敢于尝试新技术,将多种体验、设计和战略结合在一起的公司。

如果现在就开始尝试的话,你就有更多机会找到那些创意十足和独一无二的使用案例,这些使用案例会随着我们越来越多地使用元宇宙而不断涌现。

本章撰稿人:玛丽亚·马佐内(Maria Mazzone)

玛丽亚·马佐内是埃森哲的常务董事,专注于创新和产业。她领导埃森哲欧洲创新中心多年,并在许多消费品和零售客户中担任创新总监。她拥有人类学硕士学位,再加上她在创新技术和体验设计方面的工作经历,使她在与埃森哲元宇宙持续业务组合规划未来进入元宇宙路径方面具有得天独厚的优势。她与丈夫、两个孩子[卢多维科(Ludovico)和拉维妮娅(Lavinia)]和小狗卢娜(Luna)一起生活在意大利米兰。

第 **9** 章

人工智能和深度学习在
元宇宙中的关键作用

深度学习、生成对抗网络（GAN）和神经辐射场（NeRF）都属于人工智能的范畴。利用这项技术，我们可以实现多种目标，在元宇宙中更是如此，这既带来了绝佳的机会，也存在潜在的风险。让我们来看看这些机会和风险可能是什么，以及我们能做些什么来抓住机会，降低风险。

✦ 应用之一：内容生成

过不了多久，就会出现内容供不应求的情况，这意味着创作者和公司都需要自动生成 3D 内容和资产的方法。像 GAN 和 NeRF 这样的技术可以提供这类生成式人工智能服务（generative AI services），并能产生令人难以置信的逼真效果。

这在实践中是如何运作的呢？想象一下，利用一个庞大的 2D 图像数据库来创建 3D 模型，人工智能可以将这些图像全部或部分移植到一个模型中。这对在元宇宙中经营网上商店的公司尤其有用，因为它们可以利用 2D 图像和人工智能技术创建商店的 3D 模型。事实上，摄影测量技术早已存在，并广泛应用于房地产、工程、取证和娱乐等领域。不过，该技术需要大量的视觉数据才能生成精确的 3D 模型。

利用 3D GAN，只需几张照片就能生成一个完整的 3D 模型，因为人工智能能够分析提供给其的图像，并利用这些数据创建图像中物体的复制品。与此同时，NeRF 采用的是一种被称为反向渲染❶（inverse rendering）的技术，即人工智能能够根据从不同角度拍摄的少量 2D 图像，近似地模拟光线在现实世界中的行为方式，使人工智能代理能够创建一个填补这些图像间隙的 3D 场景。

你可以看到这项技术如何轻松地应用于元宇宙平台，我们在这里可以创建景观、建筑和全新的世界。

✦ 应用之二：更加逼真的化身

化身是真实用户在虚拟世界中的数字角色。人工智能可用于创建更加逼真的化身，尤其是在面部表情和逆向运动学❷方面，这与化身的运动有关。逆向运动学可用于跟踪用户的动作，并将用户在现实世界中的动作转化为化身在虚拟世界中的

---

❶ 在计算机图形学中，一种通过计算光线从相机到场景中物体的路径来生成图像的技术。——译者注

❷ 一种数学过程，从其他数据中恢复物体的运动，常用于机器人技术和动画制作。——译者注

动作。如果你看看现在运营的元宇宙平台，就会发现你遇到的大多数化身都没有双腿（实际上他们的躯干和脑袋都是浮游的，腰部被截掉了——真奇怪），因为这种动作要以可信的方式转化到 3D 世界中特别困难。

有了人工智能技术，我们就有可能让虚拟环境中的化身，无论是动作还是情感表达方式，都变得更加逼真。

✦ 应用之三：人工智能驱动的自动非玩家角色

我们已经提到，人工智能可以为真人提供更加逼真的化身，但从理论上讲，为了这个目的收集到的数据也可以用来训练人工智能代理，以创建完全自动化、逼真的虚拟人，使其外貌和行为更加接近真人。不过，这样做既有好处也有风险。

好处在于，我们能够在元宇宙中创建更加可信的非玩家角色（NPC）。这些完全自动的 NPC 可以在元宇宙中充当向导，帮助新用户学习如何浏览不同的平台，并为他们提供持续支持。就把这些 NPC 想象成 Siri（苹果语音助手）或 Alexa（亚马逊语音助手）的化身版吧，他们可以在虚拟世界中充当你的礼宾员。

当然，这样做的风险在于这些化身可能会被用来操纵我们，鼓励我们购买某些产品，甚至改变我们的政治观点，正如我在第 3 章和第 7 章中解释的那样。这就是为什么我们首先要考虑运营元宇宙平台的机构可以测量哪些生物识别数据，以及如何使用测量到的数据，这一点非常重要。

虽然这些数据有可能被滥用，但我预测，随着元宇宙平台和沉浸式头显（包括增强现实和虚拟现实）使用的增加，将产生巨大的人类行为数据湖，从而有可能创造出质量更好的自动化机器人，甚至有可能让我们在下个世纪实现拥有与人类相似的全自动机器人的梦想。

以汽车制造厂中的自动机械臂为例，该机械臂通过运动矢量来了解汽车不同部件的焊接位置。为了输入这些矢量，你需要精确的数据。为了创建人类的可信动作，你可以创建能够理解不同姿势下人体位置的强化学习算法。

我们已经在电子游戏中看到了这一点。看看游戏发行商美国艺电公司（Electronic Arts），是如何利用足球运动员不同动作的逆向运动学来大幅改进其"FIFA"系列足球游戏中球员的动作的。该公司的人工智能根据逆向运动学创造出虚拟球场上更加可信的化身。

✦ 应用之四：自动检测元宇宙中的反社会行为和骚扰行为

元宇宙的美妙之处之一在于它的多样性，人们可以随心所欲地表达自己的想法。当然，这个世界上也有一些人不相信言论自由，他们不同意其他人的生活选择，这可能会在元宇宙平台上引发骚扰和反社会行为。

事实证明，使用监管社交媒体的标准方法（如检查图片和文字内容中，是否有任何冒犯性的表述）来监管元宇宙已经非常困难了。在第7章中，我们探讨了元宇宙平台上的骚扰行为以及可以采取的一些预防措施。但元宇宙中的用户越多，跟踪就越来越难。

但这正是人工智能可以发挥作用的地方，人工智能经过训练后，可以在元宇宙中发现用户化身之间的不当行为，而且做得比人类团队更有效。有一个自动系统来检测元宇宙中的骚扰和不当行为将非常有用，而且我认为非常必要。

✦ 应用之五：更快、更方便地创建元宇宙中的世界

要在任何元宇宙平台上创建或编辑世界，你都需要一些开发和编码技能，因为你必须使用虚幻引擎或 Unity 3D 引擎来构建世界。不过，我预计未来在元宇宙中对 3D 世界进行开发和修改，将变得越来越无缝，越来越简单。现在已经有一些平台，如索尼公司 PlayStation 的《梦境》（*Dreams*），正在探索使用低代码甚至无代码的世界构建界面。

我相信这将会变得更加简单，用户甚至可以通过简单的语音指令改变他们在某些元宇宙环境中看到的内容。元公司已经在这方面进行了尝试，在一次演示中，马克·扎克伯格

通过一系列语音指令，创建了一个完全由人工智能生成的海边场景（这可能不是最逼真或最鼓舞人心的海滩场景，但它显示了这项技术的潜力）。

当你静下心来思考时，这种潜力其实是令人震惊的。想象一下自己在"联邦星舰进取号"（Starship Enterprise）的"全息甲板"上。你请它把你带到芝加哥一家 20 世纪 30 年代的爵士乐俱乐部，突然间，你沉浸在一个黑暗、充满情调的酒吧里。钢琴家在坐下弹奏之前吸了一口烟，烟雾袅袅，穿过聚焦在小舞台钢琴上的那盏聚光灯。当音乐在房间里飘荡时，你转过身，望向身后的吧台。一位调酒师正在为另一位顾客调酒，而另一位调酒师则一边看着演奏，一边懒洋洋地擦拭着台面。如果你是《星际迷航》的粉丝，你肯定有自己的想法，想让全息甲板为你重现某个时空。

我相信，在未来 20 ~ 30 年，我们可以期待根据用户要求，程序化生成的内容达到相当复杂的程度。当然，我们能获得什么样的体验，能再现什么样的场景和地点，取决于幕后为平台提供支持的人工智能所输入的数据。人工智能技术已经发展到了一个临界点，雪球正在向山下滚动，而且速度只会越来越快。

✦ 应用之六：在元宇宙平台之间无缝移动数字资产

在第 3 章中，我介绍了人们正在采取措施，在不同的元宇宙平台之间建立统一的设计标准，目的是让我们能够将数字资产从一个平台无缝移动到另一个平台。

这对于任何销售数字资产的品牌来说都尤为重要，无论是名牌手提包还是酷炫的跑车，能够将它们带入不同的世界，对许多元宇宙用户来说都很重要。例如，如果你卖掉一个古驰手提包对应的 NFT，但古驰手提包只能在罗布乐思中使用，不能与你的化身一起转移到 Decentraland 中，这可能会降低 NFT 对消费者的吸引力，从而降低其价值。

GAN 和深度学习等技术可用来以编程方式创建 3D 过滤器，它们能自动将你的数字资产生成符合多个平台图形风格的版本。当你在沙盒游戏中提着古驰包，与你在罗布乐思中提着古驰包相比，看上去可能略有差异，因为它以符合该平台风格的方式呈现。但是，它仍然是你的古驰包，因为它附着在 NFT 上。

✦ 人工智能变得越来越复杂

当你读到其中的一些应用时，你可能会觉得它们离实现还需要几年甚至几十年的时间，但其实人工智能比你想象的要成熟得多，在创建逼真图像方面，它的准确性已经令人难以置信。2022 年初的一项研究成果发现，人工智能合成的人脸已经几乎与真实人脸无异。更有趣的是，人们还认为人工智能合成的人脸比真实人脸更可信。

　　这也凸显了人工智能技术在元宇宙中的风险所在，因为如果我们已经可以生成不仅逼真，而且更可信的人脸，我们就必须考虑这些人脸可能在元宇宙中如何被用于邪恶目的，正如我在第 7 章中讨论元宇宙中的数据伦理时所解释的那样。

　　一谈到人工智能，就不能不谈到数据，因为人工智能技术要想发挥效力，就需要尽可能大的数据池。这些数据还必须有正确的格式，因此能够写作的人工智能需要基于文本的数据，能够创建 2D 图像的人工智能需要 2D 图像数据，等等。要创建可信的 3D 世界，这些算法还需要越来越容易收集的 3D 内容，现在像 iPhone 12 Pro（以及后来的 iPhone Pro 机型）甚至配备了激光探测及测距系统（LiDAR）扫描仪（3D 扫描仪）。

　　事实上，6D.ai（2020 年被 Niantic Labs 收购）的目标就是利用这项技术创建一个连续的世界地图。自从被 Niantic Labs 收购后，6D.ai 的软件开发工具包（SDK）已被注入 Niantic Labs 名为 Lightstrip 的软件开发工具包中。这一点意义重大，因为 Niantic Labs 是《精灵宝可梦 GO》的幕后组织，这意味着现在全世界每一个玩《精灵宝可梦 GO》的人都在为创建这张 3D 地图做贡献。这也改变了 Niantic Labs 的商业模式，该公司现在向任何想要创建基于地图的游戏或应用程序的人提供软件开发工具包。

　　使用人工智能创建 3D 世界的关键，在于确保 3D 世界中的所有特定资产都经过语义分割，这从本质上意味着应该对它们进行正确标注——例如，自行车、树、孩子等。这一点非常重要，因为一旦图像被分割并注入人工智能算法，算法就开始理解具有相同语义标签的资产的共同特征，从而开始生成与该资产相似或变异的其他资产。

我们也不能忘记 GAN，它是一种专为填补空白而设计的人工智能算法，正如我在本章前面解释的那样。英伟达（Nvidia）为 GAN 人工智能算法找到了一个非常有趣的用途，那就是生成超分辨率图像，以取代低分辨率图像。GAN 算法本质上可以将 1080p 分辨率的图像可能放大到 4K 分辨率。为此，英伟达算法根据人工智能代理基于像素分辨率计算出应该出现在该处的设想填补空白。这就意味着，如果你在 1080p 分辨率的低配置电脑上玩游戏，就可以不使用图形处理器 [1]（GPU），直接将图像放大并以 4K 分辨率运行。如果你正在使用一个在 GPU 上运行的人工智能代理，它只使用了部分计算能力就生成一张 4K 图像。这种 AI 超分辨率技术可能是在低配置设备（如手机）或独立虚拟现实头显（如 Meta Quest 2）上实现高质量图形渲染的关键要素之一。

---

[1] 一种专门设计用于加速创建图像的电子电路，用于输出到显示设备的帧缓冲区中。——译者注

✦ 掌握创造的力量

元宇宙有可能让我们有机会像上帝一样创造和调整我们的世界。你可以走进元宇宙的一个空荡荡的房间，说一句"要有光"！光就出现了。同样，你也可以命令元宇宙生成树木、家具和空间内其他任何你想要的东西，只需通过你的声音和人工智能算法（解释和实现你的命令）的力量就行。

这些工具可以让我们成为上帝般的创造者，为我们带来奇妙的力量。当然，正如我们所讨论的那样，这也存在一些风险，如果不加以有效监管，我们就会面临进入《黑客帝国》的可能性，这稍微有点令人害怕。《黑客帝国》的世界是如此引人入胜，旨在触发我们的多巴胺受体，以至于它总是让我们感到快乐，并让我们深陷数字现实中而难以自拔。

我们希望人工智能能够改善我们的生活，但我们不希望被人工智能算法迷惑，因为这些算法能够超越我们辨别虚构与现实、真实与欺骗的能力。我们正站在一个新时代的开端，技术可以用来增强和改善我们的生活，而不是用来操纵和控制我们的生活。

结束语

　　元宇宙是互联网的演进，它是一层基础设施，将增强互联网与现实世界之间的互动方式。它既带来了许多机遇，也带来了许多挑战，虽然我们中的一些人可能已经意识到它能够对社会产生的影响，但包括政府在内的许多人对我们正在前进的方向依然一无所知。

　　元宇宙现在在很大程度上仍然是一项进行中的工作，它是一个愿景，一个理想的基础设施，使我们能够在任何地方，与任何人在一起。它使我们能够在梦幻之地体验冒险活动，能够远程工作，同时感觉自己好像与同事们在一起一样。与其相关的数字货币等技术有可能使那些生活在经济不发达国家的人们赚取可观的收入。

　　然而，并非所有这些愿景都可能实现。当我们针对这些愿景讨论元宇宙以及它带来的各种可能性时，有点像 20 世纪 80 年代和 90 年代人们讨论手机时的情景。那时，没人能预见到智能手机在短短 10 年后会对社会和世界产生怎样的影响。我记得在 20 世纪 90 年代，当我们大多数人还随身携带现金时，就已经有人在谈论如何使用手机进行支付了。当然，现在我们的

179

手机上已经有了诸如苹果支付（Apple Pay）和谷歌支付（Google Pay）等功能，让移动支付愿景变成了现实。我有时出门不带钱包，因为我现在只需要智能手机，甚至只需要智能手表。

新冠疫情进一步加快了全球技术应用的速度。例如，在2020年之前，东南亚仅有一小部分地区接受信用卡或移动支付。由于疫情的影响，这一情形发生了逆转，现在东南亚地区绝大多数交易都是通过数字转账完成的。这迫使企业迅速适应并进行数字化转型，以便能够接受这种方式的付款。

支付方式的转变，也意味着这些企业现在可以开始以数字方式提供产品和服务。疫情极大地加速了我们对技术的开发利用，老实说，要是没有新冠病毒，我想我们在这个时候还不会以这样的方式讨论元宇宙。

世界各国进行的各种封控使人们渴望建立社交联系，在无法面对面交流的情况下，唯一的办法就是通过数字方式交流。这推动了罗布乐思、沙盒游戏和 Decentraland 等平台的普及，同样，数字经济也呈现爆炸式增长，这不仅体现在加密货币方面，数字支付方式的采用率也大幅上升。正是全球事件的完美风暴和技术的快速应用，让我们走到了今天。

这种快速的数字化转型会给我们生活的世界带来什么样的后果，在很大程度上取决于我们如何对待和使用现在能够获得的新技术。我们需要负责任，我们需要有道德，我们需要包容，我们不仅要考虑少数群体，还要考虑数字鸿沟。

✦ 汲取 20 世纪 90 年代的教训

无论是作为商业技术提供商、平台、战略家、顾问还是系统集成商，我们这些已经参与到元宇宙中的人都知道，要确保这项新技术支持和促进我们的社会，而不是破坏我们的社会。我们需要帮助各国政府认识到，元宇宙不仅是一时的风尚，也是互联网不可避免的演进。

如果我们想拥有一个代表理想乌托邦而不是反乌托邦环境的元宇宙，我们需要解决一些实际问题，降低一些风险，包括多样性和包容性、可访问性、安全性、假新闻、言论自由和操纵大众等在内的各种挑战。在创建我们脑海中想象的乌托邦的元宇宙之前，我们需要解决我在本书中概述的所有挑战。如果我们在设计元宇宙基础时不去解决这些问题，那么这些问题肯定会成为慢性问题，并在所有的元宇宙平台上蔓延开来，从而造成一种反乌托邦的场景，届时操纵大众、骚扰、滥用用户数据和不平等现象将屡见不鲜。

我们不能忘记 20 世纪 90 年代的教训，当时互联网被视为一种美丽而奇妙的力量，可以将世界团结起来，为每个人提供知识。我们也看到了，故事的结局却大相径庭。有些国家的政府利用大众媒体传播来影响全体人民的政治观点。有些罪犯利用黑客手段实施诈骗。有些网络喷子（online troll）借助匿名身份，在世界上散布仇恨和恶意。

事实上，我在本书中强调的所有挑战中，网络匿名和元宇宙匿名是我们需要解决的最紧迫的挑战之一。我们必须找到一种方法，在整个元宇宙平台上建立问责制并执行法律，以确保创造一个让人们感到安全、能够真实展示自我并与他人互动的空间。目前，互联网上有太多的匿名行为，这使得执法机构无法采取任何真正的行动来打击在网络上骚扰和威胁他人的行为。我预测，如何揭示人们的数字身份，并监控他们在网络和整个元宇宙平台上的行为，将成为一个重要的讨论话题。

与此同时进行的另一场讨论，将围绕制订元宇宙平台的法律法规以及我们如何执行这些法律法规展开。这是伦理辩论的一个重要方面，因为元宇宙将是连接物理世界和虚拟世界的桥梁。因此，重要的是要找到一种方法，在元宇宙中引入与我们在现实世界中保护社会根基相同水准的法律和治理。

这些话题不仅要在我们这些已经在使用并开始了解元宇宙的人之间展开对话，还要与相关政府人员展开对话。我所说的是以负责任的方式建设元宇宙，现在理应由那些已经在元宇宙中运作的人发挥带头作用。

目前已经有非营利组织和联盟致力于制定标准，以实现元宇宙平台之间的互操作性，但在元宇宙伦理方面，我们缺少的是以同样方式开展工作的类似组织。

地方政府以及欧盟和联合国等超国家组织密切合作来执行这些指导方针，将是确保元宇宙安全性的关键垫脚石。我们不希望仅仅因为一家大公司有最好的标准和最棒的技术，就由它来主导元宇宙的规则。我们如何在这些平台上生活和互动，应该由我们这些建设元宇宙和将要使用元宇宙的人（如果你现在还没有意识到的话，那就是我们所有人）来决定。

我们已经很清楚不希望看到的那些场景。我们不希望品牌能够访问我们的生物识别数据——否则的话，例如，当我们看到自己喜欢的跑车的数字版从某个元宇宙平台上经过时，它们就能看到我们心跳加速，就会在现实世界中向我们投放特定汽车的广告，我们只需"单击鼠标"就能轻松购买；或者可能更糟的是，向我们提供贷款，让我们买得起跑车！或者保险公司利用我们的生物识别数据来预测我们未来患病的可能性，从而抬高我们的保费价格。如果我们现在就制定正确的法规，就能避免这些情况的发生。

✦ 你是开拓者还是落后者

说到新技术，总会有开拓者和落后者，无论你属于哪一类（如果你的橱柜里有 PlayStation Vita❶、GoPro Karma❷ 或 Oculus Rift❸，那么你很有可能要么是开拓者，要么是技术评论

---

❶ PlayStation Vita 是索尼电脑娱乐有限公司推出的掌上游戏机，简称 PSV。——译者注
❷ GoPro Karma 是美国运动相机厂商 GoPro 生产的无人机 Karma。——译者注
❸ Oculus Rift 是一款为电子游戏设计的头戴式显示器。——译者注

员），都要牢记一些注意事项。例如，开拓者可能会在元宇宙中启动一个项目，虽然可能由于他们要么没有足够的知识，或没有选择好进入元宇宙的时机，最终以惨败告终。但开拓者会更快地掌握在这个新环境中工作所需的专业知识、经验和能力。

这也凸显了落后者的主要弊端，即等他们进入元宇宙的时候，可能被较早进入的竞争对手远远地抛在后面，根本无法与之竞争。你不会希望自己的企业像柯达一样，在数码相机问世近十年后才开始进行数码相机方面的探索。这就意味着，即使你不属于开拓者，至少也需要为自己的企业如何进入元宇宙制定战略，并明确列出决定进入时机的利弊。

无论你属于哪一类（或者你可能处于两者之间），进入元宇宙的成本都不高。事实上，企业只需花费几万美元就能进入元宇宙。如果你打算参与其中，你不仅需要围绕何时和如何进入制定战略，还需要围绕如何建立自己的社区并提供相关服务制定战略。

鉴于此时在元宇宙中开始实验的成本很低，因此值得企业尽早参与，这样你就可以开始寻找受众，并找出与他们互动的最佳方式。我们已经在某些元宇宙平台上看到了很高的访问量。以罗布乐思为例，2022 年其每天的独立访客 ❶ 就有

---

❶ 通过独特的标识符进行识别的独立用户，每个访问者只被计算一次。——译者注

5000 多万人。这里蕴藏着巨大的潜力，能让人们看到你的品牌和产品，并与它们进行互动。

正如我们在第 8 章中所看到的那样，你可以通过多种方式进入这一市场，如果做得好的话，你的业务就能得到大幅增长。然而，无论你的企业是否对加密货币、NFT 或虚拟土地感兴趣，你都需要在了解情况的基础上进入这个市场。通过阅读本书，你已经有了一个良好的开端，但不要就此止步！在你的 subreddit[1] 上阅读更多内容，观看油管上的教程，询问专家，加入社区，自己做研究。这样你才能继续探索你的元宇宙地图，为你的业务开辟新的领域。

在元宇宙中进行投资，就像对其他任何资产进行投资一样——你需要进行深入研究，否则就有可能损失惨重。但是，如果你采取战略方法，并在投资前掌握充分的信息，你将获得巨大的收益。

✦ 我们看不到地图的边缘

元宇宙是一个充满无限可能的机会，随着我们的不断探索，它将持续向我们展现新的景象。我们不仅可以通过创建虚拟世界来产生影响，而且也能够并即将改变现实世界。我

---

[1] 社交新闻网站红迪的子版块。——译者注

们将要把物理现实和数字现实连接在一起，使我们能够在两者之间无缝移动，这令人无比兴奋。

对于企业来说，这为我们开辟全新的市场，甚至创建新的商业模式，并为接触新的受众提供了机遇。但是，你必须确保在进入元宇宙时，制定能够始终遵循的战略，战略里设定了清晰明确的商业目标（你的北极星）。提出正确的问题，确保你从知识的角度而不是假设的角度来制定战略。

对于元宇宙而言，新使用案例和新想法将源于战略思维，并根据影响力和可行性对想法进行优先排序。你想到的最有影响力和最可行的想法是最容易做出决策的——立即行动起来吧！一旦你有了按照这两个标准进行优先排序的其他想法的清单，就为战略的形成提供了一个坚实的基础，这是你进入元宇宙的地图，因此请确保你有定义明确的关键绩效指标（KPI），以便对你取得的成功和进步予以衡量。

我给你的建议是，无论你经营什么业务，都要大胆勇敢。我们是这个新世界的先驱，还有很多东西等待我们去发现。这一路上会有一些意想不到的事情发生——在这张未知的地图上，有些地方隐藏着宝藏，有些地方则是巨龙出没——但幸运之神总会眷顾勇敢的人。当你踏上旅程，开始把那张灰色地图变成一个活灵活现、充满无限可能的世界时，祝你一切顺利。

让我们联系起来！